야훼께서 여기까지
우리를 도우셨다

야훼께서 여기까지
우리를 도우셨다

이영훈 지음

초판 1쇄 인쇄 2020년 11월 11일
초판 1쇄 발행 2020년 11월 16일

편 집 인 김호성
발 행 처 서울말씀사

출판등록 제2016-000172호
주   소 서울시 영등포구 은행로 55, 나동 9층
전   화 02-846-9222
팩   스 02-846-9225

이 책은 저작권법에 따라 보호 받는 저작물이므로
무단 전재와 복제를 금합니다.

사무엘서 강해 1

COMMENTARY ON 1 SAMUEL

야훼께서 여기까지 우리를 도우셨다

THUS FAR HAS THE LORD HELPED US

이영훈 지음

서울말씀사

머리말

역사는 과거의 기록입니다. 그러나 역사는 과거의 시간에 묶여있지 않습니다. 과거를 통해 현재를 알게 하고 미래를 예측하게 합니다. 역사의 의미는 이처럼 과거의 시간을 넘을 때 비로소 빛을 발하게 됩니다.

우리가 구약성경의 역사서를 읽을 때도 마찬가지입니다. 역사서를 과거의 기록으로만 보면 본질을 놓치고 하나님의 진리를 보지 못할 수가 있습니다. 우리는 역사서를 통해 역사에 담긴 하나님의 뜻, 즉 하나님이 오늘날 우리에게 주시는 교훈이 무엇인지를 깨달아야 합니다. 역사서에 기록된 과거의 사건들을 과거에 묻어두지 말고 현재로, 또 미래로 가져와야 합니다.

사무엘서는 구약성경의 역사서 중에서도 하나님이 주시는 교훈을 매우 명확하게 보여주는 책입니다. 그 교훈은 온 세상의 통치자는 하나님이심을 잊지 말라는 것입니다. 하나님은 자신의 경륜과 섭리로써 만물을 다스리시는 절대 주권자이십니다.

이스라엘은 역사의 수레바퀴 속에서 사사가 세워지고 왕이 세워지고 또 다른 나라의 지배를 받는 등 여러 통치 체제를 겪었습니다. 하지만 이스라엘의 진정한 왕은 오직 하나님 한 분이셨고 지금도 그러합니다. 사사도, 이스라엘의 왕도, 다른 나라의 왕들도 모두 하나님의 도구에 지나지 않았습니다. 세상의 모든 통치자는 하나님의 뜻을 이 땅에 이루기 위해 사용되는 도구일 뿐입니다. 그들의 권세는 근본적으로 하나님에게서 온 것이며 그들의 흥망성쇠 역시 하나님의 손에 달려있습니다.

이스라엘의 초대 왕 사울은 하나님에 의해 왕으로 세워진 인물이었지만 자신의 교만과 불순종으로 인해 하나님께 버림받았습니다. 이스라엘의 역사상 가장 이상적인 왕이라고 평가받는 다윗조차도 그의 죄로 인해 인간의 연약함을 드러내고 말았습니다. 결과적으로 사무엘서는 하나님만이 진정한 왕이심을 말해주는 책입니다. 기록된 인물들의 이름이나 리더십이 아니라 하나님의 이름, 하나님의 주권을 드러내는 책인 것입니다.

역사는 반복되어 오늘 우리는 하나님의 절대 주권을 불신하는 세상 속에 살고 있습니다. 그러나 이러한 세태 가운데서도 사무엘서를 통해 하나님만이 역사의 주관자요, 세상의 통치자이시며 우리 개인의 삶 역시 하나님의 섭리 가운데 있음을 깨닫기 바랍니다. 더 나아가 예수 그리스도로 이어지는 놀라운 구원의 길을 발견할 수 있기를 소망합니다.

여의도순복음교회 담임목사
이영훈

서론
---

1. 주제

1) 사무엘서는 사사들의 통치 체제에서 왕정 체제로 옮겨가는 과정을 그리고 있다. 이 역사적 변화 속에 등장하는 주요 인물은 사무엘, 사울, 다윗이지만 실질적인 주체는 왕을 세우기도 하시고 폐하기도 하시는 하나님이시다. 사무엘서는 이를 통해 이스라엘의 진정한 통치자가 하나님이심을 보여준다.
2) 하나님은 하나님을 경외하며 하나님의 말씀에 순종하는 사람들을 복 주시고 그들의 삶을 형통하게 하신다.
3) 하나님은 역사의 주관자로서 하나님의 뜻 안에서 예정하신 것들을 반드시 성취하신다.

2. 핵심 성구

1) "지금은 왕의 나라가 길지 못할 것이라 야훼께서 왕에게 명령하신 바를 왕이 지키지 아니하였으므로 야훼께서 그의 마음에 맞는 사람을 구하여 야훼께서 그를 그의 백성의 지도자로 삼으셨느니라"(삼상 13:14).

2) "사무엘이 이르되 야훼께서 번제와 다른 제사를 그의 목소리를 청종하는 것을 좋아하심 같이 좋아하시겠나이까 순종이 제사보다 낫고 듣는 것이 숫양의 기름보다 나으니"(삼상 15:22).

3) "네 수한이 차서 네 조상들과 함께 누울 때에 내가 네 몸에서 날 네 씨를 네 뒤에 세워 그의 나라를 견고하게 하리라 그는 내 이름을 위하여 집을 건축할 것이요 나는 그의 나라 왕위를 영원히 견고하게 하리라 나는 그에게 아버지가 되고 그는 내게 아들이 되리니 그가 만일 죄를 범하면 내가 사람의 매와 인생의 채찍으로 징계하려니와 내가 네 앞에서 물러나게 한 사울에게서 내 은총을 빼앗은 것처럼 그에게서 빼앗지는 아니하리라 네 집과 네 나라가 내 앞에서 영원히 보전되고 네 왕위가 영원히 견고하리라"(삼하 7:12-16).

3. 기록자

사무엘이 활동하던 시기의 이야기는 사무엘이 직접 기록했으며 그 이후는 선지자인 나단과 갓이 기록한 것으로 추정된다.

4. 기록 시기

다윗의 통치 기간(B.C. 1010-970년) 즈음에 기록되었다. 다윗의 사망에 대한 기록이 없는 것으로 보아 B.C. 970년 이전에 기록된 것으로 추정된다.

5. 기록 목적

1) 사무엘, 사울 그리고 다윗을 중심으로 일어난 사건을 통해 사사시대 이후 이스라엘 왕국이 등장하는 배경과 발전 과정을 보여주기 위해 기록되었다.
2) 이스라엘 왕국의 정체성을 입증하는 한 축인 다윗 언약(삼하 7:12-16)이 하나님께 받은 언약임을 보여주고 그 과정을 전하기 위해 기록되었다.
3) 다윗이 통일 왕국을 확립하고 하나님의 뜻에 따라 성실과

공의로 다스리는 모습은 장차 임할 메시아 왕국의 왕이신 예수 그리스도의 통치를 엿보게 한다.

4) 모든 역사는 역사의 주관자 되신 하나님의 구속사적 섭리 가운데 있다는 사실을 보여주기 위해 기록되었다.

6. 특징

1) 하나님께 순종하면 축복을 받고 불순종하면 심판을 받게 된다는 신명기적 역사관에 근거하여 서술되었다.
2) 이스라엘의 정치적 전환기의 중심에 있던 사무엘과 사울과 다윗에 대한 전기적 자료를 풍부하게 제공하고 있다.
3) 이스라엘의 정치 체제 변혁을 위한 마지막 사사 사무엘의 역할과 왕조 체제를 굳건히 확립하는 다윗의 역할이 두드러진다. 사무엘서 초반 이야기를 이끌어가는 인물은 사무엘이며 후반 이야기를 이끌어가는 인물은 다윗이다.
4) 역사적 사건을 기록하고 과거의 사건을 통해 현재와 미래의 삶에 교훈을 주려는 목적을 갖는다.

7. 구조

구분		내용
사무엘상	1-7장	사무엘(사무엘의 어린 시절, 사사 사무엘)
	8-15장	최초의 왕 사울(사울의 통치, 불순종한 사울)
	16-31장	버림받은 사울과 선택받은 다윗
사무엘하	1-10장	다윗의 상승
	11-20장	왕위 계승과 관련된 사건들
	21-24장	다윗의 통치 후기

차례

- **머리말** / 4
- **서론** / 7

1장 기도의 어머니 한나 ··· 15

2장 기도에 응답하신 하나님 ··· 35

3장 사무엘과 엘리의 아들들 ··· 55

4장 엘리 가문의 몰락과 새로운 제사장 ··· 75

5장 블레셋에게 빼앗긴 언약궤 ··· 93

6장 다곤을 넘어뜨린 야훼 ··· 111

7장 언약궤의 귀환 ··· 127

8장 에벤에셀의 하나님 ··· 147

9장	왕을 요구하는 이스라엘	⋯ 167
10장	사울을 찾으신 하나님	⋯ 183
11장	왕으로 추대된 사울	⋯ 199
12장	야베스를 구원한 사울	⋯ 221
13장	사무엘의 설교	⋯ 239
14장	번제를 드린 사울	⋯ 257
15장	사울의 어리석은 금식 명령	⋯ 279
16장	사울의 불순종	⋯ 303

— Thus far has the LORD helped us —

1장
기도의 어머니 한나

삼상 1:1-18

01
기도의 어머니 한나

삼상 1:1-18

　사무엘서는 위대한 사사이자 선지자인 사무엘의 이름을 딴 책으로 사무엘, 사울, 다윗 등 중심인물들의 삶을 통해 이스라엘이 사사시대에서 왕정시대로 전환되는 과정과 왕정시대 초기 역사를 기록하고 있습니다. 이러한 역사의 기록도 중요하지만 사무엘서가 전하는 핵심 메시지는 따로 있습니다. 비록 인간이 다스리는 왕국이 세워져도 그 모든 과정에 하나님이 관여하고 역사하시는 것을 보여줌으로써 이스라엘의 진정한 통치자는 하나님이시며 우리의 모든 삶이 결국은 하나님의 섭리 가운데 있다는 것입니다.

1. 한나와 브닌나 (삼상 1:1-8)

사무엘상 1장은 사무엘의 아버지 엘가나와 그의 가계를 소개하면서 시작됩니다.

> 삼상 1:1 에브라임 산지 라마다임소빔에 에브라임 사람 엘가나라 하는 사람이 있었으니 그는 여로함의 아들이요 엘리후의 손자요 도후의 증손이요 숩의 현손이더라

엘가나는 에브라임 산지 라마다임소빔에 살고 있었습니다. 라마다임소빔은 사무엘의 고향이자 훗날 사무엘이 근거지로 삼고 활동하게 되는 곳으로, 줄여서 '라마'라고 불리기도 합니다(삼상 2:11, 7:15-17). 신약에서는 이름이 바뀌어서 '아리마대'라고 불립니다. 예

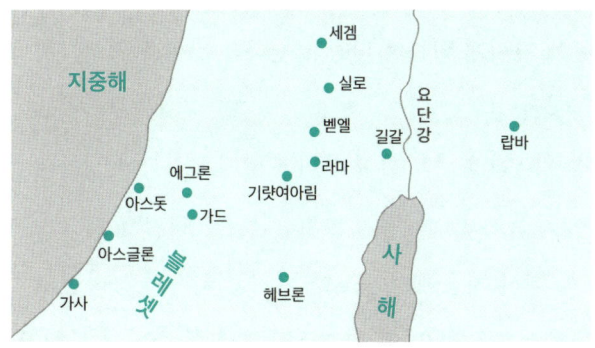

사무엘 치리 당시의 가나안

수님이 십자가에 달려 돌아가셨을 때 무덤을 제공했던 아리마대 요셉이 바로 이 지역 출신입니다(마 27:57).

엘가나의 조상은 고조부까지 거슬러 소개됩니다. 고조부 숩은 숩 지역을 개척한 사람으로서 그의 이름은 지역명으로까지 사용되었습니다(삼상 9:5).

> 삼상 1:2 그에게 두 아내가 있었으니 한 사람의 이름은 한나요 한 사람의 이름은 브닌나라 브닌나에게는 자식이 있고 한나에게는 자식이 없었더라

엘가나에게는 한나와 브닌나라는 두 명의 아내가 있었습니다. 한나의 이름이 먼저 기록된 것으로 보아 한나가 첫 번째 부인인 것으로 짐작됩니다. 그런데 브닌나에게는 자식이 있었으나 한나에게는 자식이 없었습니다. 고대 사회에서 자식은 재산과도 같았기 때문에 자식이 없는 한나는 브닌나와 자신을 비교하며 고통스러웠을 것입니다.

성경을 보면 한나와 같이 자녀를 낳지 못하던 여성들이 많았습니다. 사라(창 11:30), 라헬(창 29:31), 삼손의 어머니(삿 13:2), 엘리사벳(눅 1:7) 역시 처음에는 자녀를 낳지 못하다가 하나님의 특별한 섭리 가운데 자녀를 낳게 된 여성들입니다. 한나의 불임 역시 이

러한 하나님의 특별한 섭리 가운데 있었던 것입니다.

> 삼상 1:3 이 사람이 매년 자기 성읍에서 나와서 실로에 올라가서 만군의 야훼께 예배하며 제사를 드렸는데 엘리의 두 아들 홉니와 비느하스가 야훼의 제사장으로 거기에 있었더라

'실로'는 이스라엘 백성들이 가나안을 정복한 이후 성막을 두었던 곳으로 예루살렘으로 언약궤가 옮겨지기 전까지 이스라엘의 성소 역할을 했습니다. 엘가나는 매년 가족들을 데리고 예배드리기 위해 성막이 있는 실로로 올라갔습니다. 이를 통해 엘가나의 가정은 예배를 잘 드리는 경건한 가정이었음을 알 수 있습니다.

그런데 성경은 엘가나의 가정을 소개한 직후에 엘리의 가정을 소개합니다. "엘리의 두 아들 홉니와 비느하스가 야훼의 제사장으로 거기에 있었더라". 이 말씀은 앞으로 펼쳐질 이야기를 암시합니다. 즉, 예배를 소중히 여기는 엘가나의 가정과 예배를 멸시하는 엘리의 가정(삼상 2:17)을 대조하는 것입니다.

예배에 대한 태도에 따라 두 가정의 미래는 극명한 차이를 보입니다. 엘가나의 가정은 장차 사사시대와 왕정시대를 잇는 사사요, 제사장이요, 선지자인 사무엘이라는 위대한 인물을 배출하는

영광을 누리게 되지만, 엘리의 가정은 제사장 가문임에도 불구하고 영적, 도덕적 타락을 거듭하다가 결국은 집안이 몰락하는 심판을 받게 됩니다(삼상 2:27-36).

우리 인생에서 가장 큰 복은 예수님을 잘 믿는 것이며 이 믿음의 기본은 예배를 잘 드리는 데 있습니다. 하나님은 예배에 최선을 다하는 자를 기뻐하시고 축복하십니다. 반면 예배에서 멀어지면 하나님과 멀어집니다. 아무리 봉사를 열심히 한다고 해도 예배에 소홀하면 믿음이 자라지 않습니다. 신앙생활의 기본을 꼽으라면 여러 가지를 들 수 있겠지만 그중에서도 예배가 기본 중의 기본입니다. 그래서 예배를 잘 드리는 것이 성도의 기본이요, 축복이요, 은혜입니다.

또한 성경은 엘가나 가족이 실로에 올라가서 예배드릴 때 "만군의 야훼"께 예배를 드렸다고 말씀하고 있습니다. 만군의 야훼는 원어를 직역하면 '군대의 하나님'이라는 뜻으로 자기 백성을 위해 악한 세력을 물리쳐주시는 전능하신 하나님을 표현하는 말입니다.

이 명칭은 성경 곳곳에서 하나님의 위엄과 크신 능력을 드러내기 위해 사용되었는데 사무엘상 1장 3절에 처음 등장하고 이어서 11절에 나오는 한나의 기도 속에서 다시 나타납니다. 자기 힘으로 아무것도 할 수 없는 처지에 있던 한나가 만군의 야훼의 이름을 부르며 전능하신 하나님의 도움을 구했던 것입니다. 이후 사무엘상 17장에서 블레셋 군대에 맞서 싸운 다윗의 입을 통해 만군의 야훼의 이름이 다시 불리게 되고(삼상 17:45) 그 전쟁에서 이스라엘은 큰 승리를 거두게 됩니다.

하나님의 백성은 불임과 같은 개인적인 시련이든 전쟁과 같은 국가적인 시련이든 상관없이 어떤 시련 가운데 있더라도 만군의 야훼이신 하나님을 의지할 때 그 시련을 극복하고 마침내 승리할 수 있습니다.

> 삼상 1:4-5 엘가나가 제사를 드리는 날에는 제물의 분깃을 그의 아내 브닌나와 그의 모든 자녀에게 주고 한나에게는 갑절을 주니 이는 그를 사랑함이라 그러나 야훼께서 그에게 임신하지 못하게 하시니

엘가나는 제사를 드릴 때마다 제물의 분깃을 가족들에게 나누어 주었습니다. 이때 엘가나는 한나에게 갑절의 분깃을 주었습니다. 그는 누구보다도 한나를 사랑했기 때문이었습니다. 그러나 이러한 엘가나의 따뜻한 배려와 사랑도 아이를 갖지 못하는 한나의 마음을 위로할 수 없었습니다.

그런데 성경은 한나가 임신하지 못한 이유를 "야훼께서 그에

게 임신하지 못하게 하시니"라고 말씀합니다. 한나에게 문제가 있어서 임신하지 못한 것이 아니라 하나님이 한나의 임신을 허락하지 않으셨다는 것입니다. 바꾸어 말하면 하나님이 허락하셔야, 하나님이 태의 문을 열어주셔야 임신을 하고 자녀를 낳을 수 있다는 것입니다.

자녀가 없어서 기도하는 부부들은 하나님이 태의 문을 열어주시도록 기도해야 합니다. 하나님이 역사하시면 10년, 20년 동안 자녀가 없던 가정이라 할지라도 어느 날 갑자기 하나님의 은혜로 태의 문이 열려 자녀를 얻는 기쁨을 누릴 수 있습니다.

하나님은 때때로 우리에게 문제와 시련을 허락하십니다. 하지만 그 문제와 시련 역시 하나님의 특별한 섭리와 계획 가운데 있습니다. 문제를 허락하시는 분도 하나님이시고 문제를 해결해주시는 분도 하나님이십니다. 따라서 문제가 있을 때 우리는 인간적인 방법이나 사람을 의지하지 말고 오직 하나님만 바라보고 하나님께 나아가야 합니다.

> 삼상 1:6-7 야훼께서 그에게 임신하지 못하게 하시므로 그의 적수인 브닌나가 그를 심히 격분하게 하여 괴롭게 하더라 매년 한나가 야훼의 집에 올라갈 때마다 남편이 그같이 하매 브닌나가 그를 격분시키므로 그가 울고 먹지 아니하니

한나를 괴롭게 한 것은 아이가 없는 현실만이 아니었습니다. 한나의 "적수" 브닌나가 그녀를 "심히 격분하게" 하는 것 또한 그녀의 큰 괴로움이었습니다. 아마도 브닌나는 자식을 낳으면 남편이 자신을 더 사랑할 줄 알았는데 남편이 자식도 없는 한나를 더 사랑하니까 분했던 것 같습니다. 그래서 남편의 사랑을 듬뿍 받는 한나를 시기하고 아이를 못 낳는다고 업신여기는 등 한나를 자극하고 괴롭힌 것으로 짐작됩니다.

브닌나와 같은 사람은 삐뚤어진 마음으로 다른 사람을 대합니다. 그래서 남이 잘되면 질투하고 잘 안되면 조롱합니다. 우리는 이러한 모습이 혹시 자신에게는 없는지 살펴보아야 합니다. 그리스도인은 남이 잘될 때 함께 기뻐하고 잘 안될 때 함께 슬퍼하고 위로하는 선한 마음을 가져야 합니다.

삼상 1:8 그의 남편 엘가나가 그에게 이르되 한나여 어찌하여 울며 어찌하여 먹지 아니하며 어찌하여 그대의 마음이 슬프냐 내가 그대에게 열 아들보다 낫지 아니하냐 하니라

한나가 얼마나 서글펐던지 매일같이 눈물이 그치지 않았고 음식이 목으로 넘어가지 않았습니다. 이처럼 괴로워하는 한나를 본 엘가나는 "내가 당신에게 아들 열 명보다 낫지 않소?"라며 그녀를

위로하였습니다. 그러나 남편의 그 어떤 말도 하나에게는 위로가 되지 않았습니다. 자식 없는 설움은 남편의 사랑으로도 씻겨지지 않았던 것입니다.

이처럼 가장 가까운 사이인 남편, 부모, 형제, 친구일지라도 사람의 위로에는 한계가 있습니다. 세상 모든 사람은 남에게 말하지 못하는 혼자만의 고통을 적어도 한두 개씩 가지고 있습니다. 그로 인해 남몰래 눈물을 흘리기도 하고 심해지면 마음의 병을 앓기도 합니다. 그런 사람들에게 하나님이 필요합니다. 참된 위로와 해결책을 줄 수 있는 분은 오직 하나님 한 분밖에 없기 때문입니다.

찰스 스탠리 목사님은 다음과 같이 말합니다.

"하나님은 우리의 필요를 채우기 위해 다른 사람을 사용하시기도 한다. 그러나 우리가 먼저 필요를 채우기 위해 다른 사람에게 요구하거나 기대해서는 안 된다. 그렇게 했다가 그 사람이 고의로 혹은 능력 부족으로 우리의 요구를 들어주지 않으면 깊은 좌절에 빠지게 된다. 어느 누구도 우리에게 희망과 기쁨, 평화와 만족, 창조와 정서적 안정을 제공할 수 없다. 하나님만이 이 모든 필요를 채우시는 원천이다."

하나님은 때때로 사람을 통해 우리의 필요를 채우시기도 하지만 사람은 우리의 필요를 채울 수 있는 원천이 아닙니다. 근본적인 해결책을 주실 수 있는 분, 우리의 모든 필요를 채울 수 있는 원천은 오직 하나님 한 분이십니다.

2. 한나의 기도 (삼상 1:9-18)

엘가나의 가족이 식사를 마친 후 한나는 홀로 기도하기 위해 하나님 앞으로 나아갔습니다.

> 삼상 1:9-10 그들이 실로에서 먹고 마신 후에 한나가 일어나니 그 때에 제사장 엘리는 야훼의 전 문설주 곁 의자에 앉아 있었더라 한나가 마음이 괴로워서 야훼께 기도하고 통곡하며

10절은 한나가 괴로운 마음을 어떻게 풀려고 했는지에 대해 "기도하고 통곡하며"라는 2개의 동사를 사용하고 있습니다. 한나는 심히 괴로웠지만 자신을 격분시키는 브닌나와 싸우지 않았습니다. 그녀는 자기 연민에 빠져있지도, 하나님을 원망하지도 않

않습니다. 대신 그 모든 괴로움을 갖고 하나님께 나아갔습니다. 그녀는 자식 없는 설움과 브닌나의 박해로 인한 괴로움을 하나님 앞에 다 쏟아놓고 통곡하며 기도했습니다.

우리도 한나처럼 괴로운 일이 있을 때 하나님께 나아가야 합니다. 특히 사람과의 관계에서 생기는 문제는 내 힘으로 해결할 수 없는 것들이 많습니다. 사람마다 처한 상황이나 관점, 기준이 다르기 때문에 섣부르게 문제를 해결하려 나섰다가 오히려 오해를 불러일으키고 그 결과 관계가 더 나빠지기도 합니다. 이럴 때는 사람과 다투지 말고 하나님 앞에 나아가야 합니다. 마음속 깊은 곳에 있는 괴로움을 하나님 앞에 다 토해놓고 부르짖어 기도해야 합니다.

> **삼상 1:11** 서원하여 이르되 만군의 야훼여 만일 주의 여종의 고통을 돌보시고 나를 기억하사 주의 여종을 잊지 아니하시고 주의 여종에게 아들을 주시면 내가 그의 평생에 그를 야훼께 드리고 삭도를 그의 머리에 대지 아니하겠나이다

본문은 유명한 한나의 서원 기도입니다. 서원 기도란 마음에 간절한 소원이 있는 사람이 자신의 소원을 들어주시면 무엇을 하겠다고 혹은 하지 않겠다고 하나님 앞에 자발적으로 약속하는 기

도입니다. 한나는 하나님이 아직 아들을 주시지 않았지만 하나님이 아들을 주실 줄 믿고 그 아들을 다시 하나님께 드리겠다고 약속했습니다.

사실 자식을 하나님께 드린다는 약속은 쉽게 할 수 있는 약속이 아닙니다. 더욱이 그토록 간절하게 기다리고 기다리던 아들이라면 더더욱 어려운 일일 것입니다. 그러나 한나는 아들을 하나님께 드리겠다는 서원 기도를 드렸습니다. 아들을 주시는 분이 하나님이시라는 믿음이 있었기 때문입니다. 우리도 달라는 기도만 하지 말고 한나처럼 드리는 기도를 해야 합니다. "주님이 주신 시간을 주님께 드리겠습니다." "주님이 주신 물질을 주님께 드리겠습니다." "주님이 주신 재능을 주님을 높이는 일에 사용하겠습니다." 이와 같은 드리는 기도를 통해 기도의 차원을 높여야 할 것입니다.

한편 "내가 그의 평생에 그를 야훼께 드리고 삭도를 그의 머리에 대지 아니하겠나이다"라는 한나의 말은 아들을 '나실인'으로 드리겠다는 말입니다. 나실인이란 '구별된 자'라는 뜻으로 자신의 전 생애 혹은 일정한 기간을 하나님께 특별히 구별하여 드리는 사람을 가리킵니다. 그래서 나실인은 거룩함을 지키기 위해 포도주와 독주 등 포도나무 소산으로 만든 음식을 먹지 않고(민 6:3-4), 머리카락을 깎지 않으며(민 6:5), 시체를 멀리해야 합니다(민 6:6-7). 대표적인 예로 사사 삼손과 침례 요한이 있습니다.

> 삼상 1:12-14　그가 야훼 앞에 오래 기도하는 동안에 엘리가 그의 입을 주목한즉 한나가 속으로 말하매 입술만 움직이고 음성은 들리지 아니하므로 엘리는 그가 취한 줄로 생각한지라 엘리가 그에게 이르되 네가 언제까지 취하여 있겠느냐 포도주를 끊으라 하니

한나가 기도하고 있을 때 그녀를 지켜보는 사람이 있었는데 바로 엘리 대제사장이었습니다. 그는 오래 기도하는 한나를 주목하고 있다가 그녀가 속으로 기도하느라 소리를 내지 않고 입술만 움직이자 취한 줄로 착각했습니다. 그래서 "네가 언제까지 취하여 있겠느냐 포도주를 끊으라"라고 다그쳤습니다.

> 삼상 1:15-16　한나가 대답하여 이르되 내 주여 그렇지 아니하니이다 나는 마음이 슬픈 여자라 포도주나 독주를 마신 것이 아니요 야훼 앞에 내 심정을 통한 것뿐이오니 당신의 여종을 악한 여자로 여기지 마옵소서 내가 지금까지 말한 것은 나의 원통함과 격분됨이 많기 때문이니이다 하는지라

이때 한나는 차분하게 대응했습니다. 비록 오해를 받아 꾸중까지 들었지만 "내 주여"라고 말하면서 대제사장 엘리에게 예의를 갖춰 자신의 상황을 설명했습니다. 괴로운 심정으로 간절히 기도하고 있는데 성도를 위로해야 할 하나님의 종에게 위로는커녕 오해로 인한 꾸중을 들었으니 화가 날 수도 있는 상황이었습니다. 그러나 한나는 하나님의 종에게 결례가 되지 않도록 겸손하고 예의 바르게 답했습니다.

"유순한 대답은 분노를 쉬게 하여도"(잠 15:1)라는 말씀처럼 꾸중의 말에도 오히려 예의를 갖춰 답하는 한나에게 엘리도 축복의 말을 해주었습니다.

> 삼상 1:17-18 엘리가 대답하여 이르되 평안히 가라 이스라엘의 하나님이 네가 기도하여 구한 것을 허락하시기를 원하노라 하니 이르되 당신의 여종이 당신께 은혜 입기를 원하나이다 하고 가서 먹고 얼굴에 다시는 근심 빛이 없더라

한나의 설명을 듣고 상황을 이해한 엘리는 "평안히 가라 이스라엘의 하나님이 네가 기도하여 구한 것을 허락하시기를 원하노라"라고 말하며 축복해 주었습니다. 그러자 한나는 "당신께 은혜 입기를 원하나이다"라고 대답한 후에 근심을 털어내고 마음의 안

정을 되찾았습니다. 그녀는 주의 종의 말을 하나님의 응답으로 받고 그 응답대로 이루어질 것을 믿었기에 더 이상 근심하지 않았던 것입니다. 이러한 믿음이 절대 긍정의 믿음입니다. 하나님은 한나의 믿음을 보시고 1년 후에 사무엘을 주셨습니다. 이처럼 사무엘이라는 위대한 지도자가 탄생하게 된 배경에는 어머니 한나의 기도와 절대 긍정의 믿음이 있었습니다.

이스라엘의 왕정이 세워지는 과정을 보여주는 사무엘서 전반부는 에브라임 산지에 살던 한 평범한 가정의 이야기, 특히 애통한 심령을 품었던 한 여인의 기도와 함께 시작합니다. 그리고 이 기도를 통해 이스라엘 역사의 대변혁의 중심에 서는 한 인물이 태어나고 그를 통해 이스라엘의 왕이 세워지면서 사사시대가 막을 내리고 왕정시대가 열리게 됩니다. 이와 같이 하나님은 평범한 한 여인의 기도를 통해 하나님 나라의 위대한 역사를 이루어가십니다. 따라서 우리 한 사람, 한 사람의 기도는 결코 작지 않습니다. 우리의 한숨과 고통과 눈물의 기도를 통해 하나님은 하나님 나라의 큰일을 이루어가시기 때문입니다.

척 스미스 목사님은 다음과 같이 말합니다.

> "한나가 자식이 없는 문제로 인하여 하나님께 가까이 나아갈 수 있었고 하나님과 영적으로 깊이 교제하는 사람이 될

수 있었던 것처럼 사람들은 시험과 시련들에 의해 등 떠밀려서 그리스도께 나아가게 된다. 바로 이러한 때에 우리는 인생 중 가장 의미 있는 체험을 할 수 있다!"

사람은 누구나 크고 작은 문제를 안고 살아갑니다. 그러나 문제에 어떻게 대응하는지는 사람마다 다릅니다. 우리 그리스도인은 문제 앞에서 낙심하지 말고 한나와 같이 간절히 부르짖어 기도해야 합니다. 그렇게 할 때 문제는 더 이상 우리를 괴롭히지 못하고 오히려 하나님의 은혜를 체험하게 하며 더 나아가 하나님의 뜻을 이루는 통로로 쓰이게 될 것입니다.

요약

사무엘상은 위대한 사사이자 선지자인 사무엘의 탄생에 관한 이야기로 시작됩니다. 예배를 사모하는 경건한 엘가나의 집에는 한나와 브닌나라는 두 아내가 있었는데 그중 한나에게는 자식이 없었습니다. 엘가나는 제사를 지낸 후 제물의 분깃을 나눌 때 한나에게 갑절의 몫을 줄 정도로 그녀를 사랑했습니다. 그러나 남편의 사랑도 한나에게는 위로가 되지 않았습니다. 게다가 브닌나는 자식이 없는 한나를 업신여기고 괴롭혔습니다. 그래서 한나는 하나님께 나아가 아들을 주시면 나실인으로 바치겠다는 서원 기도를 드렸습니다. 이를 지켜본 엘리 제사장은 처음에는 한나가 술에 취한 줄로 오해하고 책망했지만 사정을 알고 나서는 그녀의 기도가 응답받게 해달라고 축복해 주었습니다. 한나는 엘리 제사장의 축복을 믿음으로 받아들이고 집으로 평안히 돌아갔습니다.

묵상

요즘 나를 괴롭히고 있는 문제들은 무엇입니까? 그러한 문제들 앞에서 나는 어떤 태도를 취하고 있습니까? 하나님께 기도로 나아갑니까? 아니면 그 문제들을 혼자 짊어지고 괴로워합니까?

적용

지금 당면한 문제들을 하나씩 종이에 적어봅시다. 그리고 그것들을 기도 제목으로 삼아 하나님 앞에 나아가 간절히 부르짖읍시다.

Thus far has the LORD helped us

2장

기도에 응답하신 하나님

삼상 1:19-2:11

02
기도에 응답하신 하나님

삼상 1:19-2:11

　자식이 없어 괴로워하던 한나는 아들을 주시면 하나님께 바치겠다는 서원 기도를 드렸고 엘리 제사장의 축복을 믿음으로 받아들이고 난 후에 집으로 돌아갔습니다. 1장 19절부터 2장 11절까지는 이후 한나에게 어떠한 일이 일어났는지에 대해 기록하고 있습니다.

1. 사무엘의 출생 (삼상 1:19-20)

> **삼상 1:19** 그들이 아침에 일찍이 일어나 야훼 앞에 경배하고 돌아가 라마의 자기 집에 이르니라 엘가나가 그의 아내 한나와 동침하매 야훼께서 그를 생각하신지라

엘가나의 가정은 집으로 돌아가기 전에 "아침에 일찍이 일어나" 하나님께 경배했습니다. 새벽을 깨워 예배드림으로써 하루의 첫 시간을 하나님께 드린 것입니다.

성경을 보면 하루의 첫 시간인 새벽에 하나님의 특별한 은혜가 임하는 경우가 종종 있습니다. 새벽에 홍해의 기적이 일어났고(출 14:24, 27), 새벽에 여리고 성이 무너졌으며(수 6:15), 시편 기자는 새벽에 도우시는 하나님의 은혜를 기대하며 찬양했습니다(시 46:5, 57:7-8, 119:147-148). 예수님 역시 전도 여행을 떠나시기 전에 새벽에 일어나 기도하셨습니다(막 1:35).

아침 일찍 일어나 예배드린 엘가나의 가정에도 하나님의 은혜가 임했습니다. 엘가나가 한나와 동침할 때 하나님이 한나를 생각하신 것입니다.

여기서 "생각하신지라"라는 단어는 '기억하다', '마음에 담아두다'라는 의미로 라헬이 요셉을 임신할 때도 등장합니다. "하나님

이 라헬을 생각하신지라 하나님이 그의 소원을 들으시고 그의 태를 여셨으므로"(창 30:22) 아들을 낳지 못해 괴로워하던 라헬을 생각하신 하나님이 아들 없는 설움에 눈물로 기도하던 한나도 생각하신 것입니다.

오늘날에도 하나님은 우리를 생각하십니다. 하나님은 부르짖는 하나님의 백성을 외면치 않으시고 기억하십니다. 하나님은 우리가 드리는 눈물의 기도를 보시고 그 기도가 하나도 땅에 떨어지지 않게 하시며 가장 적합한 때에 응답해주십니다.

> 삼상 1:20 한나가 임신하고 때가 이르매 아들을 낳아 사무엘이라 이름하였으니 이는 내가 야훼께 그를 구하였다 함이더라

한나의 기도를 기억하신 하나님은 마침내 그 기도에 응답하셨습니다. 한나가 임신하여 아들을 낳은 것입니다. 한나는 아들의 이름을 '사무엘'이라고 지었는데 그 뜻은 "내가 야훼께 그를 구하였다"입니다. 쉽게 말하면 하나님께 기도해서 그 응답으로 얻은 자녀라는 의미입니다. 따라서 한나는 사무엘의 이름을 부를 때마다 응답해주신 하나님의 은혜를 기억하며 감사했을 것입니다.

2. 서원을 갚는 한나 (삼상 1:21-28)

> **삼상 1:21-22** 그 사람 엘가나와 그의 온 집이 야훼께 매년제와 서원제를 드리러 올라갈 때에 오직 한나는 올라가지 아니하고 그의 남편에게 이르되 아이를 젖 떼거든 내가 그를 데리고 가서 야훼 앞에 뵙게 하고 거기에 영원히 있게 하리이다 하니

해가 지나고 엘가나가 가족들과 함께 하나님께 예배하러 실로의 성소로 올라갔습니다. 그러나 한나는 젖먹이인 사무엘을 돌보기 위해 동행하지 않았습니다. 당시 이스라엘에서는 어머니가 3년 정도 젖을 물리며 아이를 양육했다고 합니다. 모세도 어머니 요게벳의 품에서 젖을 먹고 자라면서 신앙 교육을 받았습니다(출 2:9). 모세가 바로의 왕궁에서 자랐지만 애굽의 종교나 문화에 동화되지 않고 이스라엘 동족의 아픔에 동참하고 하나님에 대한 신앙을 키울 수 있었던 것은 이러한 어머니의 신앙 교육 덕분이었습니다.

한나는 성소에 가지 못했지만 "아이를 젖 떼거든 내가 그를 데리고 가서 야훼 앞에 뵙게 하고 거기에 영원히 있게 하리이다"라고 말하면서 사무엘을 바치기로 한 서원을 재차 다짐했습니다.

많은 크리스천들이 한 번쯤은 하나님께 헌신하며 살기로 마음먹습니다. 그러나 시간이 지나 신앙의 열정이 식으면 과거에 했던 헌신의 고백을 잊어버립니다. 세상일이 바쁘다는 이유로 하나님과의 약속을 미룹니다. 이런저런 핑계를 대면서 차츰 하나님과 교회로부터 멀어지고 뜨거웠던 처음 신앙이 식어가는 것입니다.

그러나 한나는 자신의 서원을 잊지 않았습니다. 사랑스러운 아기를 보며 곁에 두고 싶은 어머니의 본능이 마음속에 일어날 때도 한나는 하나님과의 약속을 지켰습니다.

> 삼상 1:23-24 그의 남편 엘가나가 그에게 이르되 그대의 소견에 좋은 대로 하여 그를 젖 떼기까지 기다리라 오직 야훼께서 그의 말씀대로 이루시기를 원하노라 하니라 이에 그 여자가 그의 아들을 양육하며 그가 젖 떼기까지 기다리다가 젖을 뗀 후에 그를 데리고 올라갈새 수소 세 마리와 밀가루 한 에바와 포도주 한 가죽부대를 가지고 실로 야훼의 집에 나아갔는데 아이가 어리더라

엘가나는 사무엘에 대한 한나의 뜻을 존중하고 덧붙여 "오직 야훼께서 그의 말씀대로 이루시기를 원하노라"라고 말했습니다. 이 엘가나의 고백을 우리도 하나님께 드려야 합니다. 어렵게 얻

은 소중한 아들을 하나님께 바치는 것이 엘가나에게도 쉽지 않았을 것입니다. 그러나 그는 모든 일에 오직 하나님의 뜻이 이루어지기를 소원했습니다. 우리 삶에 일어나는 실수나 시행착오, 갈등과 다툼은 대부분 하나님의 뜻이 아닌 내 뜻대로 하다가 생기는 경우가 많습니다. 그렇기 때문에 우리는 늘 기도와 말씀을 통해 하나님의 뜻을 분별하고 우리 삶 가운데 하나님의 뜻이 이루어지기를 소원해야 할 것입니다.

사무엘이 젖을 떼자 한나는 그를 데리고 실로로 향했습니다. 이때 한나는 서원제에 대한 규례(민 15:8-10)에 따라 수소 세 마리, 밀가루 한 에바, 포도주 한 가죽 부대를 제물로 가져갔습니다.

> 삼상 1:25-26 그들이 수소를 잡고 아이를 데리고 엘리에게 가서 한나가 이르되 내 주여 당신의 사심으로 맹세하나이다 나는 여기서 내 주 당신 곁에 서서 야훼께 기도하던 여자라

제사를 마친 후 한나는 사무엘을 엘리 제사장에게 데리고 갔습니다. 그리고 엘리에게 자신이 누구인지 밝히면서 이전에 있었던 일을 떠올려 주었습니다.

> 삼상 1:27-28 이 아이를 위하여 내가 기도하였더니 내가 구하여 기도

> 한 바를 야훼께서 내게 허락하신지라 그러므로 나도 그를 야훼께 드리되 그의 평생을 야훼께 드리나이다 하고 그가 거기서 야훼께 경배하니라

한나는 자신이 기도하여 낳은 아들이 사무엘이며 그때 서원했던 대로 그를 하나님께 드리겠다고 말했습니다. 여기서 우리가 주목할 것은 한나가 서원을 이행할 때 주저하지 않았다는 것입니다. 하나밖에 없는 금쪽같은 아들을 보면서 서원을 어기고 싶은 충동이 일어날 법도 한데 그녀는 결단하고 사무엘을 하나님께 드렸습니다. 우리는 이러한 한나의 결단을 배워야 합니다. 자신에게 가장 소중한 것일지라도 하나님께 드리기로 약속했다면 반드시 드려야 합니다. 상황이 달라졌다고 마음이 흔들리면 안 됩니다. 우리가 결단하고 하나님께 서원한 것을 드릴 때 하나님의 축복이 임합니다. 하나님은 귀한 아들을 드린 한나를 축복하시고 그녀에게 아들 셋과 딸 둘을 더 주셨습니다(삼상 2:21).

사무엘을 드린 이후에도 한나는 슬픔에 빠지지 않았고 오히려 하나님께 경배하였습니다. 이처럼 헌신할 수 있음에 감사하며 하나님께 영광을 돌리는 자를 하나님은 기뻐하십니다.

3. 한나의 감사 기도(삼상 2:1-11)

사무엘상 2장 1절부터 10절은 한나의 기도가 기록되어 있습니다. 이 기도는 구원과 승리를 주시는 하나님을 찬양하고 있다는 점에서 사무엘서의 전체 주제를 함축하고 있으며 신약에 나오는 마리아 찬가(눅 1:46-55)의 원형이 되기도 합니다.

이 기도는 세 부분으로 나눌 수 있습니다. 1절부터 3절까지에는 하나님의 구원에 대한 기쁨과 감격이, 4절부터 8절까지에는 전능하신 창조주 하나님에 대한 찬양이, 9절부터 10절까지에는 공의를 행하시는 하나님에 대한 찬양이 각각 담겨있습니다.

> 삼상 2:1-2 한나가 기도하여 이르되 내 마음이 야훼로 말미암아 즐거워하며 내 뿔이 야훼로 말미암아 높아졌으며 내 입이 내 원수들을 향하여 크게 열렸으니 이는 내가 주의 구원으로 말미암아 기뻐함이니이다 야훼와 같이 거룩하신 이가 없으시니 이는 주 밖에 다른 이가 없고 우리 하나님 같은 반석도 없으심이니이다

한나는 먼저 "내 마음이 야훼로 말미암아 즐거워하며"라고 고백하고 있습니다. 이전에 마음의 괴로움을 토로하며 통곡의 기도

(삼상 1:10)를 드렸던 한나가 이제는 기쁨의 기도를 드리고 있는 것입니다. 하나님이 그녀의 기도에 응답하셔서 그녀의 마음을 고통과 슬픔 대신 기쁨으로 채우셨기 때문입니다.

한나가 자식이 없었을 때는 사람들에게 멸시받고 적수였던 브닌나에게 괴롭힘을 당했지만 이제는 하나님의 은혜로 자식을 낳았으니 더 이상 주눅이 들 필요가 없었습니다. 하나님이 원수들 앞에서 그녀를 높이시고 존귀하게 만드신 것입니다. 그래서 한나는 자신을 높여주신 하나님께 감사하면서 "내 뿔이 야훼로 말미암아 높아졌으며 내 입이 내 원수들을 향하여 크게 열렸으니"라고 기도했습니다.

남편의 사랑도 그녀의 고통과 아픔을 위로할 수 없었고 갑절로 받은 재물도 그녀의 시련을 해결할 수 없었습니다. 그녀의 문제를 해결하고 그녀를 고통에서 벗어나게 하신 분은 다른 누구도 아닌 하나님이셨습니다. 그래서 한나는 "내가 주의 구원으로 말미암아 기뻐함이니이다"라고 말했습니다. 하나님만이 우리 삶의 구원자이시며 자신의 기도 응답이 오직 하나님으로부터 말미암은 것을 고백한 것입니다.

아울러 그녀는 하나님 같은 분은 없다고 선언했습니다. 하나님과 같이 거룩한 분도 없고 하나님 같은 반석도 없습니다. 그렇기 때문에 우리는 오직 하나님만을 바라보고 하나님만을 의지해야 합니다.

> 삼상 2:3 　심히 교만한 말을 다시 하지 말 것이며 오만한 말을 너희의 입에서 내지 말지어다 야훼는 지식의 하나님이시라 행동을 달아 보시느니라

한나는 자신을 멸시하던 사람들과 브닌나에게 "교만한 말"과 "오만한 말", 즉 남의 약점을 조롱하고 비웃는 말을 삼가라고 경고합니다. 왜냐하면 하나님은 "지식의 하나님"이시기 때문입니다. 하나님은 모든 인간의 말을 들으시고 모든 행동을 저울에 달아보시며 판단하십니다. 그러므로 우리는 하나님 보시기에 아름다운 말과 행동을 해야 합니다. 하나님은 지금도 우리의 일거수일투족을 전부 보고 계십니다.

또한 우리는 이 말씀을 통해 원수를 어떻게 대해야 할지에 대한 지혜도 배울 수 있습니다. 우리가 직접 원수를 갚으려고 하면 복수가 복수를 낳고 원수가 원수를 낳는 악순환만 반복될 뿐입니다. 지식의 하나님이 모든 상황을 지켜보시며 모든 말과 행동을 판단하고 계심을 믿고 우리가 직접 원수를 갚을 것이 아니라 하나님께 맡겨야 합니다. 그리하면 하나님의 때에 하나님이 친히 다 해결해 주십니다. "원수 갚는 것이 내게 있으니 내가 갚으리라"(히 10:30).

삼상 2:4-7 용사의 활은 꺾이고 넘어진 자는 힘으로 띠를 띠도다 풍족하던 자들은 양식을 위하여 품을 팔고 주리던 자들은 다시 주리지 아니하도다 전에 임신하지 못하던 자는 일곱을 낳았고 많은 자녀를 둔 자는 쇠약하도다 야훼는 죽이기도 하시고 살리기도 하시며 스올에 내리게도 하시고 거기에서 올리기도 하시는도다 야훼는 가난하게도 하시고 부하게도 하시며 낮추기도 하시고 높이기도 하시는도다

4절부터는 '모든 것을 창조하시고 주관하시는 하나님'을 찬양하는 기도입니다. 사실 인간은 한 치 앞도 내다볼 수 없는 존재입니다. 힘을 자랑하던 용사의 활이 꺾일 수 있고 넘어진 자가 다시 힘을 얻고 일어날 수도 있습니다. 풍족하게 살던 자가 하루아침에 품을 파는 신세로 전락할 수 있고 가난하고 굶주리던 자가 풍요로운 인생을 살 수도 있습니다. 자녀를 낳지 못했다고 구박받던 자가 자녀를 일곱 명이나 낳을 수 있고 자녀를 많이 두었다고 자랑하던 자가 어느 날 갑자기 자녀를 잃을 수도 있습니다. 이 모든 것들이 "죽이기도 하시고 살리기도 하시며 스올에 내리게도 하시고 거기에서 올리기도 하시는" 하나님, "가난하게도 하시고 부하게도 하시며 낮추기도 하시고 높이기도 하시는" 전능하신 하나님으로 인해 가능합니다.

따라서 지금 자신이 부유하고 강하다고 해서 교만해서는 안 됩니다. 하나님이 원하시기만 하면 언제든지 모든 상황을 역전시키실 수 있습니다. 그래서 우리는 하나님 앞에서 늘 겸손해야 합니다. 늘 "나는 아무것도 아닙니다. 주님만이 나의 모든 것 되십니다."라고 고백해야 합니다.

아울러 가난하고 연약하다고 해서 의기소침할 필요도 없습니다. 세상은 하나님의 주권 아래에 있으며 복의 근원은 하나님이십니다. 전능하신 하나님이 언제 어떻게 복을 주실지 모릅니다. 그러므로 우리는 어떤 경우에 처하든지 절대 긍정, 절대 감사의 자세를 잃지 말아야 합니다.

> **삼상 2:8** 가난한 자를 진토에서 일으키시며 빈궁한 자를 거름더미에서 올리사 귀족들과 함께 앉게 하시며 영광의 자리를 차지하게 하시는도다 땅의 기둥들은 야훼의 것이라 야훼께서 세계를 그것들 위에 세우셨도다

특히 하나님은 약한 자를 외면하지 않으십니다. 가난하고 빈궁한 자가 하나님께 부르짖을 때 하나님은 그를 일으키시고 영광의 자리에 앉히십니다. 하나님이 땅의 기둥들 위에 세계를 세우신 창조주이시기에 영광과 권세를 받을 자를 결정하시는 분도 하

나님이십니다. 따라서 우리는 지금 당장 가난하고 병들고 문제가 많다고 할지라도 두려워하거나 근심할 필요가 없습니다. 천지 만물을 지으시고 주관하시는 하나님이 우리의 하나님이시기 때문입니다.

> 삼상 2:9-10 그가 그의 거룩한 자들의 발을 지키실 것이요 악인들을 흑암 중에서 잠잠하게 하시리니 힘으로는 이길 사람이 없음이로다 야훼를 대적하는 자는 산산이 깨어질 것이라 하늘에서 우레로 그들을 치시리로다 야훼께서 땅 끝까지 심판을 내리시고 자기 왕에게 힘을 주시며 자기의 기름 부음을 받은 자의 뿔을 높이시리로다 하니라

9절과 10절에서 한나는 '거룩한 자들을 지키시고 악인들을 심판하시는 공의의 하나님'을 찬양합니다. 하나님은 공의를 베푸시는 분이십니다. 따라서 우리는 하나님의 말씀에 순종함으로써 악에서 떠나 거룩한 삶을 살아야 합니다.

끝으로 한나는 '왕에게 힘을 주시며 기름부음을 받은 자의 뿔을 높이시는 하나님'을 찬양합니다. 그녀는 아직 이스라엘에 왕이 세워지지 않은 때에 왕과 기름부음을 받은 자를 언급한 것입니다. 이는 가깝게는 사무엘을 통해 기름부음 받아 왕으로 세워질

다윗을 말하고 멀게는 장차 천년 후에 오실 예수 그리스도를 가리킵니다. 한나가 기도를 통해 미래의 일을 예언했다고 볼 수 있습니다.

다른 한편으로 이 기도는 한나의 소망을 담고 있습니다. 기름 부음 받은 왕이 나타나 이방 족속의 침략과 영적 혼란으로 위기를 겪고 있는 이스라엘을 구원해주기를 바란 것입니다. 이러한 한나의 소망은 이후 다윗 시대에 이루어지는데, 놀랍게도 다윗이 왕이 되는 과정에서 한나의 아들 사무엘이 중요한 역할을 맡게 됩니다. 더 나아가 한나의 기도는 그녀가 바랐던 것 이상으로, 즉 예수 그리스도를 통한 온 세상의 구원으로서 응답됩니다. 그러므로 우리는 보다 큰 소망을 품고 기도해야 합니다. 나 자신, 내 가족이라는 울타리를 넘어 기도의 지경을 넓히십시오. 나라와 민족을 위해 기도하고 하나님 나라의 거룩한 꿈을 품고 기도하십시오. 우리의 생각보다 더 큰 일을 행하시는 하나님을 신뢰하며 하나님의 놀라운 역사를 기대하시기 바랍니다.

기도의 여인 한나처럼 기도로 인생을 개척해나간 류태영 박사님의 이야기를 나누고자 합니다. 그는 오직 기도로 덴마크와 이스라엘에 유학 가고, 대통령 비서실 초대 새마을운동 담당관, 이스라엘 벤구리온대학교 교수, 건국대학교 부총장까지 지낸 분입니다.

그는 두메산골의 찢어지게 가난한 머슴의 다섯 번째 아들로 태어났습니다. 가난해서 굶는 날이 더 많았던 어린 시절이었지만 어머니를 따라 교회를 다니기 시작했고 교회학교 전도사님으로부터 기도에 대해 다음과 같이 배웠습니다. "기도할 때는 첫째, 하나님의 마음과 계획에 관심이 가고 그 사업에 동참하게 해달라고 소원하는 기도를 해라."

그는 이 가르침대로 새벽마다 자신을 위한 기도보다 나라와 민족을 위한 기도를 먼저 드렸습니다. 그러자 하나님은 나라와 민족을 향한 소망, 특별히 가난한 농촌을 발전시켜 잘살게 하는 꿈을 그의 마음속에 부어주셨고 그 꿈을 이루어가는 과정에서 그가 미처 구하지 못한 것까지도 넘치도록 채워주셨습니다. 그래서 그는 다음과 같이 고백합니다.

> "저는 늘 무엇을 먹을까, 무엇을 입을까 고민해야 했지만 하나님은 늘 저에게 더 높은 가치를 위해 기도하게 하셨고 더 높은 기도 제목들을 알려주셨습니다. 그 기도가 있었기에 초등학교도 가지 못할 형편에서 꿋꿋이 일어나 박사 학위를 받고 교수가 되는 영광을 얻었습니다."

삼상 2:11 엘가나는 라마의 자기 집으로 돌아가고 그 아이는 제사장

엘리 앞에서 야훼를 섬기니라

　엘가나와 한나는 예배를 마친 후 라마로 돌아갔고 사무엘은 실로에 남아 엘리 제사장에게 교육받으며 하나님을 섬겼습니다.
　이로써 선지자 사무엘의 어머니 한나의 이야기가 마무리되고 2장 12절부터는 장차 이스라엘 역사의 한복판에서 활약하게 되는 사무엘의 이야기가 전개됩니다.
　하나님의 약속을 믿음으로 받아들인 한나는 그 믿음대로 아들을 낳았을 뿐만 아니라 서원한 대로 아들을 하나님께 바쳤습니다. 한나는 여기에 그치지 않고 자신의 기도에 응답하신 하나님께 감사의 기도를 드렸습니다. 그녀는 이 기도를 통해 인간의 생각을 초월하여 더 큰 일을 행하시는 하나님을 찬양했습니다.
　한나의 기도에 응답하신 하나님이 바로 우리의 하나님이십니다. 따라서 우리는 절망 가운데서도 하나님을 신뢰하며 기도로 나아가야 합니다. 또한 기도 응답을 받았을 때는 한나처럼 서원한 것을 기쁨으로 갚고 하나님께 감사와 찬양을 올려드릴 수 있기를 주님의 이름으로 축원합니다.

요약 엘리 제사장의 축복을 믿음으로 받아들인 한나는 아들을 낳고 그 이름을 사무엘이라고 지었습니다. 그리고 사무엘이 젖을 떼자 서원했던 대로 그를 엘리 제사장에게 데리고 가서 성소에서 하나님을 섬기도록 했습니다. 더 나아가 한나는 기도를 응답해주신 하나님께 감사 기도를 드렸습니다. 이 기도에는 응답을 받은 한나의 기쁨과 전능하신 하나님, 공의로우시며 기름부음 받은 자를 높이시는 하나님을 향한 찬양이 잘 나타나있습니다.

묵상 "하나님이 주신 선물보다는 선물을 주신 하나님께 주목하라."라는 말이 있습니다. 기도해서 응답을 받는 일도 중요하지만 응답을 받고 난 후에 어떻게 하느냐가 더 중요합니다. 기도 응답을 받고 나서 정작 응답을 주신 하나님께 소홀했던 적은 없는지 생각해봅시다.

적용 하나님께 서원한 것이 있다면 한나와 같이 기쁨으로 서원을 갚읍시다. 기도 응답을 받았다면 감사와 찬양으로 하나님께 영광 돌리며 더 차원 높은 기도의 자리로 나아갑시다.

— Thus far has the LORD helped us —

3장

사무엘과 엘리의 아들들

삼상 2:12-26

03

사무엘과 엘리의 아들들

(삼상 2:12-26)

본문 말씀에는 두 유형의 사람들이 등장합니다. "무릇 의인들의 길은 야훼께서 인정하시나 악인들의 길은 망하리로다"(시 1:6)라는 시편 말씀처럼 하나님의 진노를 사서 망하게 되는 악인과 하나님의 인정을 받아 복 받게 되는 의인이 뚜렷이 대비되어 나타납니다. 전자는 엘리 제사장과 그의 아들들을, 후자는 사무엘과 그의 가족을 가리킵니다. 이들이 왜 이처럼 상반된 길을 걷게 되었는지 본문을 통해 살펴보겠습니다.

1. 엘리의 아들들 (삼상 2:12-17)

2장 12절부터 17절까지는 엘리의 아들들의 악행에 대해 이야기하고 있습니다.

> **삼상 2:12** 엘리의 아들들은 행실이 나빠 야훼를 알지 못하더라

12절에는 엘리의 아들들에 대한 전반적인 평가가 나옵니다. 우선 "행실이 나빠"라는 표현은 이들이 하나님의 율법에 어긋난 행위들을 일삼고 망나니처럼 제멋대로 살았다는 것을 보여줍니다. 또한 "야훼를 알지 못하더라"라는 말은 이들이 하나님과 전혀 교통하지 않았다는 것을 뜻합니다. 하나님과 교제를 나누지 못하니 하나님이 어떤 분이신지 알지도 못하고, 하나님을 알지 못하니 하나님에 대한 두려움도 없이 율법을 무시하고 죄악에 빠질 수밖에 없었던 것입니다. 그러므로 우리는 하나님을 알기에 힘써야 합니다. 하나님을 알지 못하면 문제가 생깁니다. 하나님을 알려면 하나님과 교제해야 하는데 하나님과 교제할 수 있는 가장 기본적인 방법이 바로 예배입니다.

엘리의 아들들의 악행의 근본적인 문제는 예배를 모독한 데 있었습니다. 그 구체적인 모습은 다음과 같습니다.

삼상 2:13-14 그 제사장들이 백성에게 행하는 관습은 이러하니 곧 어떤 사람이 제사를 드리고 그 고기를 삶을 때에 제사장의 사환이 손에 세 살 갈고리를 가지고 와서 그것으로 냄비에나 솥에나 큰 솥에나 가마에 찔러 넣어 갈고리에 걸려 나오는 것은 제사장이 자기 것으로 가지되 실로에서 그 곳에 온 모든 이스라엘 사람에게 이같이 할 뿐 아니라

하나님은 제사에 드려진 제물의 일부를 제사장의 소득으로 정하셨습니다. 따라서 엘리의 아들들이 제물의 고기를 가져다 먹는 것은 죄가 아니었습니다. 문제는 그들이 제사에 관한 율법을 어기고 자기 마음대로 고기를 가져갔다는 데 있습니다.

하나님이 정하신 규례에 의하면 제사장은 고기의 특정 부위만 취할 수 있었습니다. 예를 들어 화목제의 경우 제물의 기름은 제단 위에서 불살라 하나님께 드리고, 가슴은 흔들어 요제(搖祭)로, 오른쪽 뒷다리는 들어서 거제(擧祭)로 드린 후에, 그 가슴과 오른쪽 뒷다리를 제사장이 자기의 소득으로 삼아야 했습니다(레 7:28-34). 나머지 부위는 제물을 드리는 사람이 그의 가족, 친구, 공동체 구성원들과 함께 나누어 먹었습니다. 또한 신명기 18장 3절을 보면 제물로 드리는 소나 양의 앞다리, 두 볼, 위는 "제사장이 백

성에게서 받을 몫"이라고 규정하고 있습니다.

이처럼 제사장이 제물을 취할 때는 '제한'이 따랐습니다. 그러나 엘리의 아들들은 제사에 사용된 고기를 무작위로 가져갔습니다. 그들은 사환을 시켜서 세 살 갈고리로 삶고 있는 고기를 찔러 걸려 나오는 것은 무엇이든 가져오게 했던 것입니다. 이는 하나님이 정하신 제사 규례를 어기는 행위였습니다.

또한 하나님은 제사에 드려진 고기는 거룩하기 때문에 이를 다루는 데 있어서 주의하라고 말씀하셨습니다(출 29:31-34). 그래서 제사장은 제물의 고기를 삶을 때나 먹을 때나 늘 경건해야 했습니다. 그러나 엘리의 아들들에게는 경건의 모습이 조금도 보이지 않았습니다. 더욱이 이러한 악행은 어쩌다가 한 번 나타난 것이 아니었습니다. 그들은 "그 곳에 온 모든 이스라엘 사람"의 제물을 불경한 방식으로 다루었고 그 결과 이스라엘의 모든 예배를 망치고 있었던 것입니다.

> 삼상 2:15-16 기름을 태우기 전에도 제사장의 사환이 와서 제사 드리는 사람에게 이르기를 제사장에게 구워 드릴 고기를 내라 그가 네게 삶은 고기를 원하지 아니하고 날 것을 원하신다 하다가 그 사람이 이르기를 반드시 먼저 기름을 태운 후에 네 마음에 원하는 대로 가지라 하면 그가

> 말하기를 아니라 지금 내게 내라 그렇지 아니하면 내가
> 억지로 빼앗으리라 하였으니

엘리의 아들들의 행악은 여기에서 멈추지 않았습니다. 그들은 사환을 시켜 제물의 기름을 태우기도 전에 고기를 가로챘습니다. 이는 삶은 고기를 마음대로 취했던 것보다 더 큰 죄악이었습니다. 기름을 태우기 전의 고기는 아직 하나님께 드려지지 않은 상태를 가리킵니다. 그런데 이 고기를 엘리의 아들들이 가져갔다는 것은 정작 제물을 받으셔야 할 하나님보다 자신들을 먼저 앞세웠다는 것을 의미합니다.

더욱이 기름은 온전히 하나님께 드려지는 제물이었습니다. 기름을 태울 때 나는 냄새는 화제로서 하나님께 드려지는 향기로운 냄새이기 때문입니다(레 3:5). 하나님은 화제의 향을 맡으시면서 백성들의 죄를 용서하시고 그들의 감사와 헌신을 받으셨습니다. 그러나 엘리의 아들들은 기름이 아직 남아있을 때 고기를 달라고 요구했습니다. 자신들의 입맛에 맞는 고기를 먹겠다고 율법을 어긴 것입니다. 결국 엘리의 아들들은 하나님보다도 먼저 제물을 취했을 뿐만 아니라 하나님의 몫인 기름을 갈취하는 엄청난 죄를 저질렀습니다.

제사를 드리는 사람은 엘리의 아들들의 이러한 행위가 잘못되

었다는 것을 알고 "반드시 먼저 기름을 태운 후에 네 마음에 원하는 대로 가지라"라고 말렸습니다. 그러나 엘리 아들들이 보낸 사환은 그의 말을 무시하고 오히려 "지금 내게 내라 그렇지 아니하면 내가 억지로 빼앗으리라"라며 협박했습니다.

> 삼상 2:17 이 소년들의 죄가 야훼 앞에 심히 큼은 그들이 야훼의 제사를 멸시함이었더라

17절은 엘리의 아들들이 지은 죄가 하나님 보시기에 심히 크다고 말씀합니다. 이들의 죄의 핵심은 "야훼의 제사를 멸시"한 것입니다. 더욱이 다른 사람도 아니고 제사를 주관하는 제사장들이 하나님의 제사를 멸시한 것입니다. 이는 곧 하나님을 모독한 것과 같습니다.

존 맥아더 목사님은 예배의 중요성에 대해 다음과 같이 강조합니다.

> "하나님께 올바로 예배드리기를 거부하는 마음이 모든 악의 중심에 있다. 이것이 모든 죄의 핵심이다. 절대로 진실되지 않은 예배를 드려서는 안 된다. 우리가 행하는 일이 단지 기계적으로 반복하는 일이라면 그것은 예배가 아니라 하나

님에 대한 모욕이다. 스스로 이런 질문을 던져보라. 당신은 하나님을 예배하고 있는가? 당신은 참된 예배자인가?"

하나님이 우리를 지으신 목적은 우리의 예배를 통해 찬양과 영광을 받으시기 위함입니다(사 43:7). 창조주 하나님을 예배하고 높이는 것이 우리 피조물의 본분입니다. 그러나 오늘날 우리의 예배는 어떻습니까? 기계적이고 형식적인 예배를 드리고 있습니까, 아니면 마음과 정성을 다한 예배를 드리고 있습니까? 내가 하나님 앞에 참된 예배자인지 아닌지 스스로 점검해보시기 바랍니다.

2. 사무엘과 그의 가족(삼상 2:18-21)

18절부터 21절까지에는 앞부분과 완전히 대조적인 내용이 나오는데 바로 사무엘과 그의 가족의 이야기입니다. 이들은 엘리의 아들들과는 정반대의 모습을 보여줍니다.

> 삼상 2:18 사무엘은 어렸을 때에 세마포 에봇을 입고 야훼 앞에서 섬겼더라

어린 사무엘은 세마포 에봇을 입고 야훼를 섬겼습니다. 성경은 엘리의 아들들에 대해서는 "야훼를 알지 못하더라"(삼상 2:12)라는 말씀으로 시작하지만, 사무엘에 대해서는 "야훼 앞에서 섬겼더라"라는 말씀으로 시작하고 있습니다. 비록 엘리의 아들들의 범죄로 이스라엘의 제사가 망쳐지고 있었지만 하나님은 사무엘을 통해 희망의 싹을 키우고 계셨던 것입니다. 이처럼 하나님은 절체절명의 위기 속에서도 중심을 지키는 한 사람을 통해 공동체를 회복시키십니다.

죄로 더럽혀진 성막에서도 경건한 신앙을 지켰던 사무엘의 모습을 통해 우리는 신앙이 환경에 의해 좌우되지 않는다는 것을 알 수 있습니다. 엘리의 아들들과 사무엘은 같은 시대, 같은 장소에서 살았지만 전혀 다른 모습으로 하나님 앞에 서있었던 것입니다.

이러한 사무엘의 신앙은 어머니 한나의 영향을 받은 것이었습니다.

> 삼상 2:19 그의 어머니가 매년 드리는 제사를 드리러 그의 남편과 함께 올라갈 때마다 작은 겉옷을 지어다가 그에게 주었더니

한나는 사무엘을 하나님께 드린 후에도 남편과 함께 매년 성소에 올라가 제사를 드렸고 그때마다 "작은 겉옷"을 지어다가 사무

엘에게 입혔습니다. 이 옷은 제사장이 입는 의복으로 에봇 밑에 입는 겉옷을 말합니다. 한나는 사무엘이 하나님을 섬기는 일에 전념할 수 있도록 물심양면으로 지원한 것입니다. 이와 같은 한나의 기도와 헌신은 사무엘이 훌륭한 영적 지도자로 성장하는 데 크게 기여했습니다. 이처럼 부모의 역할이 중요합니다. 부모는 자녀의 학업뿐 아니라 영적 성장에도 관심을 기울이고 이를 위해 끊임없이 기도해야 합니다. 그러면 하나님이 부모의 간절한 기도를 들으시고 자녀의 인생을 돌보아주실 것입니다.

> **삼상 2:20** 엘리가 엘가나와 그의 아내에게 축복하여 이르되 야훼께서 이 여인으로 말미암아 네게 다른 후사를 주사 이가 야훼께 간구하여 얻어 바친 아들을 대신하게 하시기를 원하노라 하였더니 그들이 자기 집으로 돌아가매

엘리 제사장은 제사드리러 온 엘가나와 한나를 축복하면서 하나님이 사무엘을 대신하여 다른 자녀를 그들에게 더 주시길 원한다고 기도했습니다. 사무엘은 한나가 눈물로 간구하여 낳은 하나뿐인 귀한 아들이었습니다. 하나님은 그런 아들을 바친 한나를 기억하시고 엘리 제사장을 통해 이와 같은 축복의 말씀을 주신 것입니다.

> 삼상 2:21 야훼께서 한나를 돌보시사 그로 하여금 임신하여 세 아들과 두 딸을 낳게 하셨고 아이 사무엘은 야훼 앞에서 자라니라

하나님은 "한나를 돌보시사" 세 명의 아들과 두 명의 딸을 더 주셨습니다. 이처럼 하나님은 자기 백성을 돌보시고 복을 주시며 우리가 드린 것을 기억하시고 몇 배로 갚아주십니다.

더 나아가 하나님은 사무엘을 축복하셔서 "야훼 앞에서" 자라게 하셨습니다. 이렇듯 자녀가 하나님을 온전히 섬기며 올바르게 성장하는 것이야말로 부모가 누릴 수 있는 가장 큰 복 중 하나입니다. 그러므로 부모는 자녀가 어릴 때부터 교회에 나와 예배드리게 함으로써 세상이 아닌 하나님 앞에서 자랄 수 있도록 양육해야 합니다.

3. 엘리의 질책 (삼상 2:22-26)

세월이 흘러 엘리 제사장은 노쇠해졌고 그의 아들들의 악행은 더욱 대담해졌습니다.

> 삼상 2:22 엘리가 매우 늙었더니 그의 아들들이 온 이스라엘에게 행한 모든 일과 회막 문에서 수종 드는 여인들과 동침하였음을 듣고

엘리가 매우 늙었을 때 그는 충격적인 소식을 듣게 되었습니다. 그의 아들들이 "온 이스라엘에게 행한 모든 일", 즉 야훼의 제사를 멸시한 일과 회막 문에서 수종을 드는 여인들과 동침한 일에 대해 들은 것입니다.

이전의 악행과 비교해보면 엘리의 아들들의 죄가 하나 더 추가되었습니다. 성막에서 섬기는 여인들과 동침한 음란의 죄가 더해진 것입니다. 엘리의 아들들은 자신들의 탐욕을 채우기 위해 제사를 망친 것도 모자라 이제는 거룩한 성막에서 음행을 저질렀습니다. 그들의 음란한 행실로 말미암아 하나님이 임재하시는 거룩한 성막은 죄악의 소굴이 되고 말았습니다.

죄는 그대로 두면 확장하는 속성이 있습니다. 죄가 죄를 낳고 그 죄가 또 다른 죄를 낳습니다. 엘리의 아들들은 처음에는 제물의 부위를 마음대로 가져가더니, 얼마 후에는 백성들을 협박하여 기름을 태우지 않은 제물을 강탈하다가, 급기야는 음란의 죄까지 범한 것입니다. 이처럼 죄는 우리를 점점 더 깊은 죄의 수렁에 빠지게 합니다. 그러므로 혹시라도 죄를 지었다면 그 즉시 회개하

여 죄가 더 이상 확장되지 않도록 막아야 합니다.

두 아들의 악행에 관한 소문을 들은 엘리 제사장은 죄짓는 일을 멈추라며 그들을 꾸짖었습니다.

삼상 2:23-24 그들에게 이르되 너희가 어찌하여 이런 일을 하느냐 내가 너희의 악행을 이 모든 백성에게서 듣노라 내 아들들아 그리하지 말라 내게 들리는 소문이 좋지 아니하니라 너희가 야훼의 백성으로 범죄하게 하는도다

엘리 제사장은 아들들에게 더 이상 악행을 저지르지 말라고 꾸짖으면서 그들이 "야훼의 백성으로 범죄하게" 한다고 말했습니다. 엘리의 아들들은 일반 백성이 아닌 제사장의 위치에 있었습니다. 그들은 제사장으로서 신앙의 본이 되고 하나님과 백성들 사이에서 중재 역할을 해야 하는데, 오히려 그들이 극악무도한 죄를 범하니 이스라엘 백성들도 그 영향을 받을 수밖에 없었던 것입니다.

엘리 제사장은 아들들이 이제라도 자신들의 죄를 깨닫고 돌이키기를 바랐습니다. 그러나 엘리의 아들들은 아버지의 말을 듣지 않았습니다.

> 삼상 2:25 사람이 사람에게 범죄하면 하나님이 심판하시려니와 만일 사람이 야훼께 범죄하면 누가 그를 위하여 간구하겠느냐 하되 그들이 자기 아버지의 말을 듣지 아니하였으니 이는 야훼께서 그들을 죽이기로 뜻하셨음이더라

"사람이 사람에게 범죄하면" 하나님이 중재자가 되어주셔서 잘잘못을 가리시고 심판하십니다. 즉, 사람과 사람 사이의 갈등은 사람보다 위에 계신 하나님이 해결해주십니다. 하지만 "사람이 야훼께 범죄하면" 그에게는 하나님의 심판이 있을 뿐입니다. 따라서 "사람이 야훼께 범죄하면 누가 그를 위하여 간구하겠느냐"라는 엘리의 말이 완전히 틀린 말은 아니었습니다. 그러나 그의 태도에는 두 가지 안타까운 점이 있습니다.

첫째, 엘리 제사장은 하나님께 나아가 아들들의 죄를 용서해달라고 적극적으로 간구하지 않았습니다. 성경을 보면 모세는 아론과 이스라엘 백성들이 하나님께 범죄했을 때마다 금식하며 기도함으로써 그들을 멸망의 위기에서 구할 수 있었습니다(신 9:18-29). 심지어 모세는 백성들을 살리기 위해 자신의 목숨까지 내놓고 중보했습니다(출 32:32). 하나님은 이러한 모세의 간절한 중보기도를 들으시고 심판의 뜻을 돌이키셨습니다. 반면, 엘리는 대제사장으로서 영적 지도자의 위치에 있었지만 모세처럼 사력을 다해 중보

하지 않았습니다.

둘째, 엘리 제사장은 그의 아들들의 죄를 징계하지 않았고 하나님의 심판에 대해서도 엄중히 경고하지 않았습니다. 엘리가 진정 아들들의 영혼을 생각하는 아버지였더라면 그는 더 강하게 아들들을 혼내고 징계했을 것입니다. 또한 그가 분별력 있는 대제사장이었더라면 그가 먼저 나서서 아들들의 제사장 지위를 박탈하고 하나님의 제사를 지켰을 것입니다. 그랬다면 적어도 그의 아들들이 이스라엘 백성에게 끼친 악영향을 줄일 수 있었을 것입니다. 그러나 엘리는 그저 몇 마디 말로써 아들들을 꾸짖었을 뿐입니다. 이는 지도자뿐 아니라 아버지로서도 어리석고 무책임한 태도입니다.

우리 속담 중에 "바늘 도둑이 소도둑 된다."라는 말이 있듯이 작은 죄를 범할 때 이를 바로잡아주지 않으면 죄에 대하여 무감각하게 되어 더 큰 죄를 짓게 됩니다. 따라서 부모는 자녀가 작은 잘못을 저질렀을 때 이를 훈계하여 즉시 바로잡아주어야 합니다(잠 23:13, 엡 6:4). 부모는 자녀가 어릴 때부터 하나님이 얼마나 공의로운 분이신지, 하나님이 얼마나 죄를 싫어하시는 분이신지, 따라서 하나님의 말씀에 순종하는 것이 얼마나 중요한지 분명히 가르쳐 주어야 합니다.

"야훼께서 그들을 죽이기로 뜻하셨음이더라"라는 말씀은 하나님이 애초부터 엘리의 아들들을 죽이기로 작정하셨다는 것이 아니라 그들에게 도무지 개선의 여지가 보이지 않았다는 것을 의미합니다. 결국 아버지의 꾸중을 듣고도 악행을 멈추지 않던 두 아들 홉니와 비느하스에게 남은 것은 하나님의 심판뿐이었습니다.

> 삼상 2:26 아이 사무엘이 점점 자라매 야훼와 사람들에게 은총을 더욱 받더라

엘리의 아들들과는 달리 사무엘은 한결같이 하나님을 잘 섬겼습니다. 그 결과 엘리 제사장과 그의 아들들은 멸망의 문턱에 서있었지만 사무엘은 하나님과 사람들에게 더욱 은총을 받았습니다.

앞에서 말했듯이 우리의 인생에는 두 갈래 길이 있습니다. 하나는 하나님을 기쁘시게 해드리는 의인의 길이고 다른 하나는 하나님의 진노와 심판을 불러오는 악인의 길입니다. 사무엘이 어릴 때부터 예배를 사모하고 하나님을 경외하는 의인의 길을 걸었다면, 엘리의 아들들은 예배를 멸시하고 하나님을 두려워하지 않는 악인의 길을 걸었습니다. 그로 인해 사무엘은 은총과 영광을 얻었고 엘리의 아들들은 심판과 멸망이라는 파국을 맞게 되었습니다.

오늘날 우리에게도 두 길이 놓여있습니다. 우리 역시 사무엘처럼 살 수도 있고 엘리의 아들들처럼 살 수도 있습니다. 여러분은 이 두 길 가운데 어떤 길을 선택하시겠습니까?

요약 엘리의 아들들은 이스라엘 백성이 하나님께 드리는 제물을 율법의 규례대로 다루지 않고 자신들의 욕심을 따라 함부로 취함으로써 야훼의 제사를 멸시하는 큰 죄를 저질렀습니다. 그들은 이에 그치지 않고 회막 문에서 수종을 드는 여인들과 동침하는 죄까지 범했습니다. 이에 엘리는 아들들을 꾸짖었지만 그들의 잘못을 바로잡는 데 실패했고, 결국 엘리의 아들들은 하나님의 진노를 사게 되었습니다. 이와 반대로 사무엘은 어머니 한나의 지원 속에서 어릴 때부터 하나님을 온전히 섬겼고 그 결과 하나님과 사람들에게 더욱 사랑을 받았습니다. 또한 하나님은 신실한 여인 한나를 축복하셔서 아들 셋과 딸 둘을 더 주셨습니다.

묵상 예배에 대한 우리의 태도는 우리의 신앙이 바른지 아닌지를 진단하는 척도라고 볼 수 있습니다. 우리의 예배드리는 모습은 엘리의 아들들과 사무엘 중 어느 쪽에 더 가깝습니까?

적용 나의 생활습관 중에 온전한 예배를 드리는 것을 방해하는 요소가 있다면 무엇인지 점검해봅시다. 정성을 다해 내가 드릴 수 있는 최고의 예배를 드려봅시다. 더 나아가 주일뿐 아니라 평일에도 하나님을 경외하는 참된 예배자로 살기 위해 내가 해야 할 일이 무엇인지 생각해봅시다.

Thus far has the LORD helped us

4장

엘리 가문의 몰락과 새로운 제사장

삼상 2:27-3:9

04

엘리 가문의 몰락과 새로운 제사장

(삼상 2:27-3:9)

　엘리의 아들들이 아버지의 질책을 무시하고 계속해서 악행을 저지르자 하나님은 엘리 가문의 죄를 심판하고 그들을 대신할 새로운 제사장을 세우기로 뜻을 정하셨습니다. 그래서 하나님은 성소에서 자고 있던 어린 사무엘을 부르셨습니다. 이제 엘리의 시대에서 사무엘의 시대로 이스라엘의 영적 리더십의 전환이 시작된 것입니다.

1. 엘리 가문을 향한 책망 (삼상 2:27-29)

엘리는 이스라엘 백성들을 대표해서 하나님 앞에 나아가는 대제사장이었습니다. 그러나 그는 영적으로 둔감해져서 하나님의 말씀조차 듣지 못했기 때문에 "하나님의 사람"이라고 기록된 무명의 선지자가 그에게 와서 하나님의 말씀을 전했습니다.

> **삼상 2:27-28** 하나님의 사람이 엘리에게 와서 그에게 이르되 야훼의 말씀에 너희 조상의 집이 애굽에서 바로의 집에 속하였을 때에 내가 그들에게 나타나지 아니하였느냐 이스라엘 모든 지파 중에서 내가 그를 택하여 내 제사장으로 삼아 그가 내 제단에 올라 분향하며 내 앞에서 에봇을 입게 하지 아니하였느냐 이스라엘 자손이 드리는 모든 화제를 내가 네 조상의 집에 주지 아니하였느냐

먼저 2장 27절과 28절은 하나님이 엘리 가문에게 베푸신 은혜에 관하여 기록하고 있습니다. 엘리 가문이 지금은 이스라엘을 대표하는 제사장 직분을 맡고 있지만 출애굽 전만 해도 이스라엘의 다른 지파들과 동일하게 비천한 애굽의 노예에 불과했습니다. 하지만 하나님은 아론을 대제사장으로 세우시고 그의 집안을 제

사장 가문으로 만들어주셔서 엘리 가문은 제사장이라는 영광스러운 직분을 받아 하나님을 섬길 수 있게 되었습니다. 이는 그들에게 특별한 자질이 있어서가 아니었습니다. 전적인 하나님의 은혜였습니다.

하나님은 엘리 가문에 영적 축복과 물질적 축복을 모두 내려주셨습니다. "내 제단에 올라 분향하며 내 앞에서 에봇을 입게 하지 아니하였느냐"라는 말씀처럼 엘리 가문은 이스라엘을 대표하여 하나님께 제사드리고 누구보다 하나님을 가까이 섬길 수 있는 특별한 은혜를 받았습니다. 그뿐만 아니라 하나님은 "이스라엘 자손이 드리는 모든 화제"를 제사장의 몫으로 정하셔서 물질적으로도 부족함 없이 채워주셨습니다. 하나님이 주신 이러한 특권과 축복에도 불구하고 엘리와 그의 아들들은 하나님의 은혜에 감사하지 않았습니다.

> 삼상 2:29 너희는 어찌하여 내가 내 처소에서 명령한 내 제물과 예물을 밟으며 네 아들들을 나보다 더 중히 여겨 내 백성 이스라엘이 드리는 가장 좋은 것으로 너희들을 살지게 하느냐

엘리와 그의 아들들은 하나님께 감사하기는커녕 자신들이 받은 축복을 마땅히 누려야 할 당연한 권리로 여기고 하나님에 대

한 경외심마저 잃어버렸습니다. 그 결과 엘리는 영적으로 둔감해져서 자신을 향한 하나님의 말씀을 듣지 못했고 그의 아들들은 제사장의 특권을 이용하여 자신들의 탐심을 채웠습니다. 앞에서 살펴본 것처럼 엘리의 아들들은 그들에게 허락된 것으로 만족하지 못하고 하나님께 드려야 하는 것까지 마음대로 갈취했습니다. 엘리 역시 아들들의 악행을 제대로 단속하지 못했습니다. 하나님은 "네 아들들을 나보다 더 중히 여겨"라는 말씀을 통해 엘리의 죄를 지적하셨습니다.

제가 초등학교 들어가기 전 여섯 살 때의 이야기입니다. 당시 제가 평상시에 볼 수 있었던 큰돈은 거북선이 새겨진 50환짜리 동전이었습니다. 그래서 저는 일주일 용돈으로 50환을 받으면 주먹만 한 크기의 왕사탕 여덟 개를 사서 양쪽 주머니에 넣고 다니며 맛있게 먹곤 했습니다. 하지만 주일만은 할아버지께서 "이것은 하나님께 드리는 것이니 두 손으로 받아라."라고 하시며 평상시에 보지 못하는 큰돈인 100환짜리 동전을 헌금으로 주셨습니다.

그때 저는 옆집에 사는 아이와 함께 교회에 갔는데, 이 아이가 100환짜리 동전을 보더니 "그 돈으로 반은 뭘 사 먹고 반만 헌금하자. 보통 헌금으로 1환, 5환, 10환밖에 안 내는데 50환만 내도 네가 헌금을 제일 많이 하는 거야."라며 조르는 것이었습니다. 집에서부터 교회까지 약 30분 정도 걸어가야 했는데 이 친구가 주일마다 조르니까 어느 날 저도 모르게 그 말에 넘어가고 말았습니다. 그래서 교회 가는 길에 50환으로 사탕을 사서 그 친구와 반씩 나눠 갖고 50환만 헌금하고 집에 돌아왔습니다.

그런데 그날 저녁이었습니다. 할아버지께서 저를 부르시는데 분위기가 심상치 않았습니다. 할아버지께서는 "오늘 하나님께 드려야 할 헌금을 다 드렸느냐?"라고 물으셨고 제가 사실대로 말씀드리자 "어떻게 하나님의 물건에 함부로 손대느냐? 천벌을 받으려고 그러느냐?"라고 하시며 30분 이상 따끔하게 혼을 내셨습니다. 평소 늘 인자하게 대해주신 할아버지께 그렇게 야단맞은 것은 태어나서 처음이었습니다. 얼마나 혼이 났던지 저는 "다시는 그러지 않겠습니다." 하면서 눈물 콧물 다 쏟으며 빌었습니다.

저는 그때 이후로는 주님의 것이라면 단돈 1원도 손대지 않고 오히려 더 드리려고 노력해왔습니다. 할아버지께서 어린 저의 잘못을 바로잡아주셨기 때문에 저는 일찍부터 철저한 헌금 생활을 몸에 익힐 수 있었고, 하나님께 무언가를 드릴 때 정성을 다해 온전히 드려야 한다는 것을 배울 수 있었습니다.

2. 엘리 가문에 대한 심판 (삼상 2:30-34)

하나님은 엘리의 죄에 대해 책망하신 후에 그의 가문을 심판하시겠다고 말씀하셨습니다.

> 삼상 2:30 그러므로 이스라엘의 하나님 나 야훼가 말하노라 내가 전에 네 집과 네 조상의 집이 내 앞에 영원히 행하리라 하였으나 이제 나 야훼가 말하노니 결단코 그렇게 하지 아니하리라 나를 존중히 여기는 자를 내가 존중히 여기고 나를 멸시하는 자를 내가 경멸하리라

"나를 멸시하는 자"라는 표현에서 알 수 있듯이 엘리 가문의 죄는 하나님을 멸시하는 것이었습니다. 엘리의 두 아들은 하나님께 드리는 제사를 멸시함으로써 하나님을 모독했고, 엘리는 하나님보다 두 아들을 더 중히 여겨 그들의 죄를 방치함으로써 하나님을 멸시했습니다. 하나님을 섬겨야 할 제사장 가문이 하나님을 멸시하는 것은 곧 자신들의 제사장 직분을 스스로 깎아내리고 하나님이 약속하신 제사장의 축복을 거절하는 것이기도 합니다. 따라서 엘리 가문이 제사장직을 박탈당한 것은 이들이 자초한 결과였습니다.

그런데 엘리 가문에 대한 하나님의 심판은 제사장직 박탈에 그치지 않았습니다.

> 삼상 2:31-33 보라 내가 네 팔과 네 조상의 집 팔을 끊어 네 집에 노인이 하나도 없게 하는 날이 이를지라 이스라엘에게 모든 복을 내리는 중에 너는 내 처소의 환난을 볼 것이요 네 집에 영원토록 노인이 없을 것이며 내 제단에서 내가 끊어 버리지 아니할 네 사람이 네 눈을 쇠잔하게 하고 네 마음을 슬프게 할 것이요 네 집에서 출산되는 모든 자가 젊어서 죽으리라

하나님의 심판은 엘리와 그의 아들들에서 끝나지 않고 그의 자손들에게까지 이어졌습니다. "네 팔과 네 조상의 집 팔을 끊어"라는 말씀에서 '팔'은 힘과 권세를 의미합니다. 하나님이 엘리 집안의 권세를 끊으시겠다고 말씀하신 것입니다. 이 심판은 "네 집에 영원토록 노인이 없을 것이며"라는 말씀에서 더욱 분명해집니다. 씨족 사회에서 노인은 힘과 권위, 연륜과 지혜의 상징입니다. 그런데 하나님은 엘리 가문의 후손이 모두 젊은 나이에 죽어서 집안에 노인이 하나도 없게 될 것이며 이로써 그의 가문은 몰락하게 될 것이라고 말씀하셨습니다. 이 심판의 말씀은 실제로 사울이

놉의 제사장 85명을 학살할 때 성취되었습니다(삼상 22:11-19). 이 때 유일한 생존자였던 아비아달도 솔로몬 때 아나돗으로 추방되면서 엘리 가문은 철저히 몰락하고 말았습니다(왕상 2:26-27).

이처럼 엘리와 그의 아들들의 죄로 인해 하나님이 제사장 가문에 주신 영원한 축복이 저주와 심판으로 바뀌어 버렸습니다. 하나님은 이 심판의 표징으로서 두 아들의 죽음에 대해 말씀하셨습니다.

> 삼상 2:34 네 두 아들 홉니와 비느하스가 한 날에 죽으리니 그 둘이 당할 그 일이 네게 표징이 되리라

엘리의 두 아들 홉니와 비느하스는 하나님의 말씀대로 블레셋과의 전투에서 같은 날 죽임을 당했습니다(삼상 4:11). 이처럼 하나님의 말씀은 반드시 성취됩니다. 그것이 축복의 말씀이든 심판의 말씀이든 하나님의 말씀은 하나도 땅에 떨어지지 않고 반드시 이루어집니다(왕하 10:10). 그러므로 우리는 신실하신 하나님을 신뢰하고 늘 그의 말씀 안에 바로 서도록 힘써야 합니다(신 7:9).

3. 새로운 제사장 (삼상 2:35-36)

> **삼상 2:35** 내가 나를 위하여 충실한 제사장을 일으키리니 그 사람은 내 마음, 내 뜻대로 행할 것이라 내가 그를 위하여 견고한 집을 세우리니 그가 나의 기름 부음을 받은 자 앞에서 영구히 행하리라

하나님은 엘리 가문을 대신하여 새로운 제사장을 세우시겠다고 말씀하셨습니다. 그런데 새로운 제사장은 하나님을 멸시하고 자기 마음대로 행했던 엘리의 아들들과는 달리 "내 마음, 내 뜻대로", 즉 '하나님의 마음과 하나님의 뜻대로' 행할 사람이었습니다. 우리가 일생을 살아가는 동안 가장 중요한 것은 우리 마음과 뜻대로 살아가는 것이 아니라 하나님의 마음과 뜻대로 살아가야 한다는 것입니다.

여기서 하나 더 주목할 것은 새로운 제사장은 자의적으로 혹은 사람들의 선출로 뽑히는 것이 아니라 하나님에 의해 그리고 하나님의 방법으로 세워진다는 사실입니다. 이처럼 하나님의 일꾼이 되어 하나님의 일에 쓰임을 받는 것은 전적으로 하나님에 의해 결정됩니다.

3.1운동 민족 대표 33인 중 한 사람인 남강 이승훈 장로님은 일

제강점기 때 오산학교를 설립하고 동아일보 사장을 지내며 민족운동, 기독교 교육 운동을 펼친 분입니다. 그 때문에 장로님은 수차례 투옥되어 고초를 겪어야 했습니다.

감옥에 있는 동안에도 장로님은 신약을 100번, 구약을 20번 통독하면서 말씀과 기도에 전념했습니다. 특히 감방에서 모두가 싫어하는 변기 청소를 자진하여 도맡았는데 그때마다 "주여, 감사합니다. 바라건대 이 문에서 나가는 날 이 백성을 위해 이 변기 소제하기를 잊지 말게 하여주십시오."라고 기도했다고 합니다. 감옥에서 변기 청소를 했던 것처럼 나라와 민족을 위해 어떤 궂은일도 마다하지 않겠다고 결단한 것입니다.

1930년 5월 3일, 오산학교에서는 장로님의 업적을 높이 사서 교정에 동상을 세웠는데 이를 축하하기 위해 모인 사람들 앞에서 장로님은 이렇게 고백했습니다.

"내가 오늘날까지 온 것은 내가 한 것은 조금도 없습니다. 모두 하나님이 나를 그렇게 만들었습니다. 여러분들이 아시는 대로 나는 본래 불학무식합니다. 아무것도 아는 것이 없었으나 하나님이 나를 이렇게 이끌어서 오늘까지 왔습니다. 과연 하나님이 나를 지시하시며 도우실 뿐입니다."

우리도 이같이 고백할 수 있어야 합니다. 우리가 무엇을 했다고 자랑할 것이 아니라 하나님의 이끌어주심에 감사하며 하나님의 뜻대로 살아가려고 노력해야 합니다. 그럴 때 하나님이 그 인생을 책임져주시고 하나님 앞에 영원히 서도록 축복해주실 것입니다.

> 삼상 2:36 그리고 네 집에 남은 사람이 각기 와서 은 한 조각과 떡 한 덩이를 위하여 그에게 엎드려 이르되 청하노니 내게 제사장의 직분 하나를 맡겨 내게 떡 조각을 먹게 하소서 하리라 하셨다 하니라

하나님은 제사장의 권력을 남용하여 자신들의 배를 채웠던 엘리와 그의 아들들의 죄로 인해 그 후손들은 은 한 조각과 떡 한 덩이를 얻기 위해 엎드려 구걸하는 처지가 될 것이라고 말씀하셨습니다. 이 같은 모습이 육체를 위해 탐욕의 씨앗을 심었던 엘리 가문의 말로였습니다.

육신을 위해 사는 것처럼 어리석은 일은 없습니다. 성경은 "자기의 육체를 위하여 심는 자는 육체로부터 썩어질 것을 거두고 성령을 위하여 심는 자는 성령으로부터 영생을 거두리라"(갈 6:8)라고 경고합니다. 그러므로 우리는 썩어 없어질 육신의 것을 사모하지 말고 영생을 얻기 위해 애써야 합니다.

4. 하나님의 음성을 듣는 사무엘(삼상 3:1-9)

> 삼상 3:1-2 아이 사무엘이 엘리 앞에서 야훼를 섬길 때에는 야훼의 말씀이 희귀하여 이상이 흔히 보이지 않았더라 엘리의 눈이 점점 어두워 가서 잘 보지 못하는 그 때에 그가 자기 처소에 누웠고

이제 엘리의 시대는 끝나고 사무엘의 시대가 시작되었습니다. 사무엘이 비록 나이가 어렸지만 하나님은 그를 이스라엘의 영적 지도자로 세우셨습니다. 이처럼 하나님은 사람을 쓰실 때 나이, 능력, 성별과 같은 조건을 보지 않으십니다. 하나님은 사람의 중심을 보시고 하나님을 사랑하고 하나님의 뜻에 순종하는 사람을 들어 사용하십니다.

"엘리의 눈이 점점 어두워 가서"라는 표현은 단순히 그의 육체의 눈이 나빠졌다는 것만을 의미하지 않습니다. 그의 영적인 눈도 함께 어두워진 것을 의미합니다. 그래서 엘리의 시대에는 "야훼의 말씀이 희귀하여 이상이 흔히 보이지 않았"던 것입니다. 이처럼 영적인 눈이 어두워지고 영적인 귀가 둔해지면 하나님이 보여주고 들려주셔도 깨닫지 못합니다. 이러한 영적 암흑기에 하나님의 부르심을 받은 사람이 바로 사무엘이었습니다.

삼상 3:3 하나님의 등불은 아직 꺼지지 아니하였으며 사무엘은 하나님의 궤 있는 야훼의 전 안에 누웠더니

이스라엘의 영적인 상태는 어두웠지만 하나님의 등불은 아직 꺼지지 않았습니다. 여기에서 꺼지지 않은 등불은 장차 하나님이 사무엘을 통해 새로운 시대를 여시고 이스라엘의 구원을 이루실 것이라는 희망을 상징합니다.

삼상 3:4-7 야훼께서 사무엘을 부르시는지라 그가 대답하되 내가 여기 있나이다 하고 엘리에게로 달려가서 이르되 당신이 나를 부르셨기로 내가 여기 있나이다 하니 그가 이르되 나는 부르지 아니하였으니 다시 누우라 하는지라 그가 가서 누웠더니 야훼께서 다시 사무엘을 부르시는지라 사무엘이 일어나 엘리에게로 가서 이르되 당신이 나를 부르셨기로 내가 여기 있나이다 하니 그가 대답하되 내 아들아 내가 부르지 아니하였으니 다시 누우라 하니라 사무엘이 아직 야훼를 알지 못하고 야훼의 말씀도 아직 그에게 나타나지 아니한 때라

사무엘이 성전 안에 누워있을 때 하나님이 그를 부르셨습니

다. 그러나 사무엘은 엘리가 부른 것으로 착각하여 세 번이나 엘리의 처소로 달려갔습니다. 사무엘이 하나님의 음성임을 깨닫지 못한 것은 하나님의 말씀을 직접 들은 경험이 없었고 하나님의 음성을 듣는 것에 대해서 가르쳐준 사람도 없었기 때문이었습니다.

> 삼상 3:8-9 야훼께서 세 번째 사무엘을 부르시는지라 그가 일어나 엘리에게로 가서 이르되 당신이 나를 부르셨기로 내가 여기 있나이다 하니 엘리가 야훼께서 이 아이를 부르신 줄을 깨닫고 엘리가 사무엘에게 이르되 가서 누웠다가 그가 너를 부르시거든 네가 말하기를 야훼여 말씀하옵소서 주의 종이 듣겠나이다 하라 하니 이에 사무엘이 가서 자기 처소에 누우니라

사무엘이 세 번째로 엘리를 찾아갔을 때 엘리는 하나님이 사무엘을 부르신다는 것을 깨달았습니다. 그래서 사무엘에게 하나님의 음성을 듣는 방법에 대해서 알려주었습니다.

다른 무엇보다 하나님의 음성을 듣는 것이 중요합니다. 우리는 염려와 근심과 고통과 괴로움만 가져다주는 세상의 음성이 아닌, 생명과 소망과 회복과 치유를 주시는 하나님의 음성에 귀 기울여야 합니다. 하나님은 지금도 우리에게 말씀하고 계십니다.

우리가 하나님의 음성에 귀 기울이고 그 음성에 순종할 때 하나님은 우리를 통해 하나님의 일을 이루어가실 것입니다.

이스라엘의 사사이자 제사장이었던 엘리와 그 아들들이 타락하자 엘리의 가문은 결국 심판을 받아 몰락하게 됩니다. 우리도 이와 같은 전철을 밟지 않도록 주의해야 합니다. 우리가 아무리 높은 자리에 올라 권세와 부를 누리고 있다 할지라도 그 모든 것이 하나님의 은혜임을 깨닫지 못하고 자신의 것인 양 착각하면 우리도 엘리 가문의 길을 가게 될 것입니다. 하나님은 은혜에 감사할 줄 모르고 하나님을 두려워할 줄 모르는 자에게는 축복 대신 심판을 내리십니다. 그러므로 우리는 하나님이 주신 은혜와 사명을 감사히 여기며 하나님을 경외하고 늘 하나님의 말씀 앞에서 자신을 돌아보아야 합니다.

또한 영적으로 어두웠던 엘리 시대에 하나님은 사무엘을 부르셨습니다. 오늘날에도 하나님은 하나님의 말씀에 순종하는 사람, 하나님의 뜻대로 행하는 사람, 하나님의 음성에 귀 기울이는 사람을 여전히 찾고 계십니다. 우리 모두가 하나님이 찾는 그러한 사람이 되기를 간절히 소망합니다.

요약

엘리를 찾아온 무명의 선지자는 엘리 가문에 대한 하나님의 심판을 선포했습니다. 엘리 가문은 하나님의 제사장 가문으로 세워졌지만 엘리의 아들들은 하나님의 제사를 멸시하는 악행을 저질렀으며 엘리는 아들들의 잘못을 방치하는 죄를 저질렀습니다. 그 결과 그의 가문은 제사장직을 박탈당했을 뿐만 아니라 가문 전체가 몰락하는 심판을 받게 되었습니다. 한편 하나님은 성소 안에서 자고 있던 어린 사무엘을 부르심으로써 새로운 시대의 리더십을 준비하셨습니다.

묵상

오늘날 우리가 누리는 것들은 모두 하나님께 은혜로 받은 것들입니다. 하나님의 은혜를 누리면서도 이를 당연한 것으로 여기지 않았는지 생각해봅시다.

적용

하나님께 받은 은혜를 구체적으로 헤아려봅시다. 이 중에 혹시라도 당연히 여겼던 것이 있었는지 적어봅시다. 그리고 이를 통해 하나님을 향한 감사의 마음과 경외심과 신앙의 열정을 회복합시다.

— Thus far has the Lord helped us —

5장
블레셋에게 빼앗긴 언약궤

삼상 3:10-4:11

05

블레셋에게 빼앗긴 언약궤

(삼상 3:10-4:11)

하나님이 익명의 한 선지자를 보내어 엘리 가문에 대한 심판을 예언하게 하시고 또 어린 사무엘을 세 번 부르시는 장면을 통해 우리는 하나님이 영적으로 타락한 이스라엘을 어떻게 회복시키고자 하시는지를 예측할 수 있었습니다. 이러한 하나님의 구원 계획은 3장 10절부터 더욱 분명하게 드러납니다. 하나님은 엘리 가문에 대한 심판을 사무엘에게 직접 말씀하시고 블레셋과의 전투를 통해 그 심판을 시작하십니다.

1. 사무엘에게 말씀하신 하나님 (삼상 3:10-18)

사무엘은 하나님의 음성이 들려오면 어떻게 해야 하는지에 대해 엘리 제사장으로부터 조언을 듣고 자신의 처소로 돌아갔습니다. 그런데 얼마 후 또다시 하나님이 사무엘을 부르셨습니다.

> 삼상 3:10 야훼께서 임하여 서서 전과 같이 사무엘아 사무엘아 부르시는지라 사무엘이 이르되 말씀하옵소서 주의 종이 듣겠나이다 하니

사무엘은 다시 하나님의 음성이 들려오자 엘리의 조언대로 "말씀하옵소서 주의 종이 듣겠나이다"라고 대답했습니다. 이처럼 하나님의 음성이 들려올 때 우리는 잠잠히 그분의 음성에 귀를 기울여야 합니다.

예수님은 요한복음 10장 27절에서 "내 양은 내 음성을 들으며 나는 그들을 알며 그들은 나를 따르느니라"라고 말씀하셨습니다. 우리의 목자는 예수님이십니다. 양들이 목자의 음성을 듣고 따라가는 것처럼 우리는 목자 되신 주님의 음성을 듣고 따라가야 합니다. 그런데 주님이 부르시는데도 다른 것에 정신을 빼앗겨 그 음성을 듣지 못한다면 온전히 주님을 따르는 삶을 살 수 없을 것입

니다. 주님이 언제 어디서 우리를 부르실지 모릅니다. 그러므로 우리는 영적으로 늘 깨어있어서 주님의 음성에 민감하게 반응해야 합니다.

> 삼상 3:11-12 야훼께서 사무엘에게 이르시되 보라 내가 이스라엘 중에 한 일을 행하리니 그것을 듣는 자마다 두 귀가 울리리라 내가 엘리의 집에 대하여 말한 것을 처음부터 끝까지 그 날에 그에게 다 이루리라

하나님은 사무엘을 통해 하나님의 뜻을 알리셨습니다. 그런데 그 내용은 듣는 사람마다 두 귀가 울릴 정도로 두려운 심판에 대한 것이었습니다. 하나님은 익명의 선지자를 통해 엘리에게 전하신 그대로 "처음부터 끝까지" 다 이루실 것이라고 재차 확언하셨습니다.

> 삼상 3:13-14 내가 그의 집을 영원토록 심판하겠다고 그에게 말한 것은 그가 아는 죄악 때문이니 이는 그가 자기의 아들들이 저주를 자청하되 금하지 아니하였음이니라 그러므로 내가 엘리의 집에 대하여 맹세하기를 엘리 집의 죄악은 제물로나 예물로나 영원히 속죄함을 받지 못하리

라 하였노라 하셨더라

엘리 가문에 내린 심판은 엘리 스스로가 자초한 일이었습니다. 그는 두 아들이 하나님을 멸시하는 행동을 하여 저주를 자청했을 때 그들의 악행을 막지 못했습니다. 잘못을 저지르는 것뿐 아니라 그 잘못을 알고도 막지 않는 것도 죄입니다. 자녀가 도둑질을 했을 때 부모가 엄히 꾸짖고 주인에게 변상하고 사과하는 모습을 보이면 그 자녀는 반성하고 돌이킬 것입니다. 그런데 부모가 도둑질을 대수롭지 않게 여기고 넘어간다면 그 자녀는 도둑질이 얼마나 나쁜지 깨닫지 못하고 습관적으로 도둑질을 하다가 나중에는 진짜 도둑이 될지도 모릅니다. 이것은 사랑이 아닙니다. 자녀의 잘못을 바로잡아주는 것이 진정한 부모의 사랑입니다.

많은 그리스도인이 거룩함을 유지하는 것에 대해서 소극적인 태도를 보입니다. '나만 죄를 짓지 않으면 되지.'라고 생각할 뿐 다른 사람들이 죄를 짓는 것에 대해서는 모른 척하며 방관합니다. 하지만 하나님의 기준은 그보다 높습니다. 내가 죄짓지 않을 뿐만 아니라 내 주변에 있는 사람들이 죄를 짓지 않도록 도와주어야 합니다.

엘리의 아들들은 자신들의 배를 채우려는 탐심 때문에 이미 하나님께 드리는 제사를 더럽혔습니다. 따라서 "제물로나 예물로

나" 제사를 통해 이들의 죄가 용서받는 것은 불가능했습니다.

> 삼상 3:15-18 사무엘이 아침까지 누웠다가 야훼의 집의 문을 열었으나 그 이상을 엘리에게 알게 하기를 두려워하더니 엘리가 사무엘을 불러 이르되 내 아들 사무엘아 하니 그가 대답하되 내가 여기 있나이다 하니 그가 이르되 네게 무엇을 말씀하셨느냐 청하노니 내게 숨기지 말라 네게 말씀하신 모든 것을 하나라도 숨기면 하나님이 네게 벌을 내리시고 또 내리시기를 원하노라 하는지라 사무엘이 그것을 그에게 자세히 말하고 조금도 숨기지 아니하니 그가 이르되 이는 야훼이시니 선하신 대로 하실 것이니라 하니라

아침이 되자 사무엘은 평소처럼 성전의 문을 열고 일을 시작했습니다. 그러나 자신이 지난밤에 들었던 하나님의 심판에 대해 엘리에게 말하기가 두려웠습니다. 엘리는 사무엘을 불러 하나님이 하신 말씀을 숨김없이 전해달라고 했습니다. 사무엘은 엘리의 요청대로 자신이 들은 말씀에 대해 숨김없이 자세히 알려주었습니다. 그 심판의 내용이 충격적이었지만 엘리는 "이는 야훼이시니 선하신 대로 하실 것이니라"라며 하나님의 뜻을 그대로 받아

들였습니다. 그가 비록 지금은 영적으로 어두워졌다고 해도 하나님을 섬기는 제사장으로서 하나님의 엄위하심에 대해 잘 알고 있었기 때문입니다.

2. 선지자 사무엘(삼상 3:19-4:1)

> 삼상 3:19-20 사무엘이 자라매 야훼께서 그와 함께 계셔서 그의 말이 하나도 땅에 떨어지지 않게 하시니 단에서부터 브엘세바까지의 온 이스라엘이 사무엘은 야훼의 선지자로 세우심을 입은 줄을 알았더라

사무엘상은 사무엘이 어떻게 하나님의 선지자로 성장해가는지를 보여줍니다. 그는 어머니 한나의 기도로 태어나서 나실인으로 구별되었고(삼상 1:11) 야훼 앞에서 자랐습니다(삼상 2:11, 18, 21). 또 그와 함께 지냈던 엘리와 그의 아들들이 하나님께 죄를 범하는 동안에도 그는 하나님뿐만 아니라 사람들에게 사랑을 받으며 자랐습니다(삼상 2:26). 그리고 마침내 "야훼의 선지자"로 세우심을 받게 되었습니다.

하나님은 사무엘과 "함께 계셔서" 그가 하는 말들이 다 이루어

지게 하셨습니다. 그의 말이 성취되는 것을 온 이스라엘 사람들이 알게 되었습니다. 단은 이스라엘의 가장 북쪽에 있는 성읍이며 브엘세바는 이스라엘 가장 남쪽에 있는 성읍입니다. 따라서 "단에서부터 브엘세바까지"라는 표현은 이스라엘 전체를 의미하는 관용어입니다. 이제 온 이스라엘이 사무엘을 하나님의 선지자로 인정하게 된 것입니다.

> 삼상 3:21-4:1 야훼께서 실로에서 다시 나타나시되 야훼께서 실로에서 야훼의 말씀으로 사무엘에게 자기를 나타내시니라 사무엘의 말이 온 이스라엘에 전파되니라

실로는 예루살렘에서 북쪽으로 약 32km 정도 떨어진 지역으로 당시 하나님의 성막과 언약궤가 있던 장소였습니다. 가나안 정복 초기에는 언약궤가 길갈에 있었는데(수 4:19) 땅을 열두 지파에게 분배하면서 실로로 옮겨졌습니다(수 18:1). 실로는 예루살렘이 이스라엘의 수도로 세워지기 전까지 이스라엘의 정치, 종교의 중심지 역할을 했습니다.

하나님은 실로에서 사무엘을 통해 다시 이스라엘에게 말씀하기 시작하셨습니다. 엘리의 시대에는 영적 불감증으로 하나님의 말씀과 이상이 희귀했지만(삼상 3:1), 이제 하나님은 사무엘에게 말

쏨을 통해 그의 뜻을 전하셨습니다. 그리고 사무엘은 하나님의 선지자로서 하나님께 받은 말씀을 온 이스라엘에 전했습니다.

3. 블레셋에게 빼앗긴 언약궤(삼상 4:1-11)

> 삼상 4:1-2 이스라엘은 나가서 블레셋 사람들과 싸우려고 에벤에셀 곁에 진 치고 블레셋 사람들은 아벡에 진 쳤더니 블레셋 사람들이 이스라엘에 대하여 전열을 벌이니라 그 둘이 싸우다가 이스라엘이 블레셋 사람들 앞에서 패하여 그들에게 전쟁에서 죽임을 당한 군사가 사천 명 가량이라

하나님은 엘리 가문에 대한 심판의 도구로 블레셋을 사용하셨습니다. 블레셋은 에게해와 그레데섬 근방에서 팔레스타인으로 이주해온 해양 민족으로 다섯 도시, 즉 가사, 아스돗, 아스글론, 가드, 에그론을 중심으로 연맹 국가를 이루고 있었습니다(수 13:3). 사사시대 때부터 이스라엘을 수시로 쳐들어와 괴롭혔는데 엘리 제사장 시대 마지막 즈음에 다시 쳐들어왔습니다.

당시 이스라엘에는 상비군이 없었습니다. 남자들은 논과 밭에서 일하다가 비상시에 소집되어 전투를 치렀습니다. 게다가 철공

이 단 한 명도 없었기 때문에 무기도 부족했습니다(삼상 13:19-22). 이처럼 객관적인 전력으로 볼 때 이스라엘은 주변 국가들에 비해 열세였습니다. 그럼에도 불구하고 이스라엘이 팔레스타인 지역의 중앙을 차지할 수 있었던 것은 만군의 야훼이신 하나님의 도우심이 있었기 때문이었습니다.

이스라엘 사람들은 이번 블레셋 전투에서도 당연히 하나님이 도와주실 것이라고 생각했습니다. 그러나 블레셋군과의 전투에서 이스라엘은 완패했고 사천 명이나 되는 사람이 그 자리에서 죽임을 당했습니다.

> 삼상 4:3 백성이 진영으로 돌아오매 이스라엘 장로들이 이르되 야훼께서 어찌하여 우리에게 오늘 블레셋 사람들 앞에 패하게 하셨는고 야훼의 언약궤를 실로에서 우리에게로 가져다가 우리 중에 있게 하여 그것으로 우리를 우리 원수들의 손에서 구원하게 하자 하니

이스라엘의 장로들은 진영으로 돌아와 패배 요인에 대해 논의했습니다. 그리고 그 이유를 하나님에게서 찾았습니다. "야훼께서 어찌하여 우리에게 오늘 블레셋 사람들 앞에 패하게 하셨는고"라는 말씀에서 동사를 원어 그대로 해석하면 '하나님이 우리를

치셨다.'라는 의미입니다. 이스라엘의 장로들은 하나님 때문에 전쟁에서 패배했다고 생각하고 하나님 탓을 한 것입니다.

또한 이스라엘 장로들이 논의 끝에 내놓은 대책은 언약궤를 이스라엘의 진영으로 가져오는 것이었습니다. 그들은 언약궤가 이스라엘 군대와 너무 멀리 떨어져있어서 하나님이 이곳에 함께 하지 않으셨다고 생각했기 때문이었습니다. 이는 그들이 이스라엘의 장로였지만 하나님에 대해 잘 알지 못했다는 것을 보여줍니다.

언약궤는 하나님의 임재를 상징하지만 언약궤가 하나님이 거하시는 장소 그 자체가 될 수는 없습니다. 다시 말해 하나님은 언약궤가 있는 장소에 제한받지 않으십니다. 전능하신 하나님은 무소부재하시며 시간과 공간의 제약 없이 언제 어디서나 우리와 함께하시는 분이시기 때문입니다(시 139:7-10).

따라서 이스라엘 장로들은 언약궤가 멀리 떨어져있었기 때문에 하나님의 능력이 약화되었다고 생각할 것이 아니라 먼저 하나님의 뜻을 구해야 했습니다. 그러나 그들은 하나님께 묻지 않았습니다. 심지어 거룩한 언약궤를 자신들의 목적에 따라 임의로 사용하는 죄를 범했습니다. 신앙생활은 우리가 하나님의 뜻에 맞추어 살아가는 것이지 우리의 뜻에 맞추어 하나님을 움직이려고 하는 것이 아닙니다.

삼상 4:4 이에 백성이 실로에 사람을 보내어 그룹 사이에 계신 만군의 야훼의 언약궤를 거기서 가져왔고 엘리의 두 아들 홉니와 비느하스는 하나님의 언약궤와 함께 거기에 있었더라

이스라엘 장로들은 실로에 사람들을 보내어 언약궤를 전쟁터로 가져왔습니다. 언약궤를 임의로 옮긴 것도 문제가 되지만 전쟁 중에 황급히 언약궤를 옮겼기에 언약궤와 같은 지성물을 다루는 율법의 절차나 방법(민 4:4-16)을 제대로 따랐을지도 의문이 듭니다. 더욱이 그 언약궤를 지키는 자들이 엘리의 아들들인 홉니와 비느하스였습니다. 그들이 하나님의 제물을 다루었던 방식으로 미루어볼 때 지성물에 대한 규례대로 언약궤를 옮겼을 것이라고 보기 어렵습니다.

삼상 4:5-6 야훼의 언약궤가 진영에 들어올 때에 온 이스라엘이 큰 소리로 외치매 땅이 울린지라 블레셋 사람이 그 외치는 소리를 듣고 이르되 히브리 진영에서 큰 소리로 외침은 어찌 됨이냐 하다가 야훼의 궤가 진영에 들어온 줄을 깨달은지라

언약궤가 이스라엘 진영에 이르자 이스라엘 군대의 사기가 크

게 올랐습니다. 그들은 언약궤와 함께 하나님도 오셨다고 착각했습니다. 그래서 전쟁에 능하신 하나님이 이번에도 자신들을 위해 싸워주실 것이라고 기대하며 함성을 질렀습니다.

한편 블레셋 사람들은 전쟁에서 패배한 이스라엘 진영에서 큰 함성이 들리자 처음에는 의아해하다가 곧 언약궤가 이스라엘 진영에 온 것을 알고 두려움에 사로잡혔습니다.

> 삼상 4:7-8 블레셋 사람이 두려워하여 이르되 신이 진영에 이르렀도다 하고 또 이르되 우리에게 화로다 전날에는 이런 일이 없었도다 우리에게 화로다 누가 우리를 이 능한 신들의 손에서 건지리요 그들은 광야에서 여러 가지 재앙으로 애굽인을 친 신들이니라

블레셋 사람들도 이스라엘의 출애굽 이야기를 들어서 알고 있었습니다. 그들은 이스라엘을 구원하시기 위해 열 가지 재앙으로 애굽을 치신 그 하나님이 이젠 자신들을 치러 오셨다고 여기며 두려움에 떨었습니다.

> 삼상 4:9 너희 블레셋 사람들아 강하게 되며 대장부가 되라 너희가 히브리 사람의 종이 되기를 그들이 너희의 종이 되었던 것

같이 되지 말고 대장부 같이 되어 싸우라 하고

그러나 블레셋 사람들의 두려움은 곧 사라졌습니다. 그들은 과거 이스라엘 사람들을 자신들의 종으로 삼았던 일(삿 13:1)을 떠올리면서 이번 전쟁에서 지면 자신들이 되려 이스라엘의 종이 될 것이라며 투지를 다졌습니다. 그래서 그들은 "대장부 같이 되어 싸우라"라며 서로를 격려하고 죽기 살기로 전쟁에 임했습니다.

> 삼상 4:10-11 블레셋 사람들이 쳤더니 이스라엘이 패하여 각기 장막으로 도망하였고 살륙이 심히 커서 이스라엘 보병의 엎드러진 자가 삼만 명이었으며 하나님의 궤는 빼앗겼고 엘리의 두 아들 홉니와 비느하스는 죽임을 당하였더라

블레셋은 이전보다 더욱 용맹하게 싸웠고 이스라엘 사람들이 기대했던 하나님의 기적은 나타나지 않았습니다. 그 결과는 참혹했습니다. 1차 전투에서 이스라엘의 군사 사천 명이 죽었는데 2차 전투에서는 무려 삼만 명이 죽고 말았습니다. 홉니와 비느하스도 이때 죽임을 당했습니다. 그보다 더 충격적인 사실은 하나님의 언약궤를 블레셋에게 빼앗기고 말았다는 것입니다.

그러나 이 모든 것은 하나님의 섭리 안에서 이루어진 일이었

습니다. 홉니와 비느하스가 한날한시에 죽는 것은 이미 하나님이 무명의 선지자를 통해 예언하셨던 일입니다. 또한 하나님은 전쟁의 패배를 통해 하나님을 자신들의 뜻대로 이용하고 언약궤를 우상화한 이스라엘의 잘못된 신앙을 바로잡고자 하셨습니다.

이스라엘의 장로들은 하나님을 제대로 알지 못했고 심지어 언약궤를 우상화하였습니다. 영적으로 어두웠던 것은 엘리 제사장만의 문제가 아니었던 것입니다. 장로들도 엘리와 마찬가지로 하나님의 음성에 귀를 기울이지 않았고 하나님의 뜻에는 관심이 없었습니다. 하나님은 블레셋에게 언약궤를 빼앗긴 사건을 통해 이러한 잘못된 신앙에 대해 경고하신 것입니다. 그러므로 우리는 자신의 신앙을 점검하여 잘못된 것은 없는지 늘 경계해야 합니다. 우리가 하나님의 뜻에 따라 사는 참된 신앙인의 모습을 회복할 때 하나님이 우리를 기뻐하시고 우리의 인생 가운데 함께하실 것입니다.

요약

하나님은 다시 사무엘을 부르셔서 엘리 가문에 임할 심판에 대해 말씀하셨고 사무엘은 이를 엘리에게 전했습니다. 이후 사무엘과 함께하신 하나님은 그의 말이 하나도 땅에 떨어지지 않게 하셔서 온 이스라엘이 그가 야훼의 선지자로 세워진 것을 알게 하셨습니다. 그 후에 블레셋과의 전쟁이 일어났는데 이스라엘이 1차 전투에서 패배하자 장로들은 하나님의 임재를 상징하는 언약궤를 전쟁터로 가져오게 했습니다. 그러나 2차 전투에서 이스라엘은 더 크게 패하였고 블레셋에게 언약궤마저 빼앗기고 말았습니다. 그 과정에서 언약궤를 지키던 엘리의 아들 홉니와 비느하스가 한날한시에 죽음으로써 엘리 가문에 대한 하나님의 심판은 성취되기 시작했습니다.

묵상

삶 가운데 하나님의 음성에 얼마나 귀 기울이며 살고 있습니까? 매사에 하나님의 뜻을 구하며 그 뜻에 순종하는 삶을 살고 있습니까? 아니면 내 뜻을 고집하면서도 하나님의 뜻이라고 착각하거나 하나님을 이용하려고 하지는 않습니까?

적용

나의 이기적인 목적을 위해 하나님을 이용하려는 잘못된 모습이 없는지 점검해봅시다. 그런 모습이 있다면 과감히 버리고 하나님을 온전히 경외하는 하나님 제일주의 신앙을 회복합시다.

— Thus far has the LORD helped us —

6장
다곤을 넘어뜨린 야훼

삼상 4:12-5:12

06

다곤을 넘어뜨린 야훼

(삼상 4:12-5:12)

영적으로 어두워진 이스라엘의 지도자들은 하나님의 뜻을 묻지도 않고 언약궤를 전쟁터로 가져 왔습니다. 그러나 이스라엘은 크게 패했고 언약궤마저 블레셋에게 빼앗겼습니다. 또한 그 전투에서 엘리의 두 아들 홉니와 비느하스가 하나님이 말씀하신 대로 한날한시에 죽고 말았습니다. 4장 12절부터는 이 비보를 들은 엘리와 그의 며느리의 갑작스러운 죽음과 언약궤를 잃어버린 이스라엘의 비참한 모습이 그려집니다. 그러나 하나님은 언약궤가 이방인의 손에 더럽혀지게 놔두지 않으시고 이방 땅 한가운데서 놀라운 일을 행하십니다.

1. 엘리의 죽음 (삼상 4:12-22)

이스라엘이 전투에서 패배한 후 한 베냐민 사람이 패전 소식을 전하기 위해 실로까지 달려왔습니다.

> 삼상 4:12 당일에 어떤 베냐민 사람이 진영에서 달려나와 자기의 옷을 찢고 자기의 머리에 티끌을 덮어쓰고 실로에 이르니라

이스라엘이 진을 치고 있던 에벤에셀에서 실로까지는 약 35km 되는 거리입니다. 그는 이 거리를 달려와 자기 옷을 찢고 머리에 티끌을 덮어썼습니다. 이러한 행위는 구약시대에서 극심한 수치나 슬픔을 표현하는 방법이었습니다.

> 삼상 4:13-15 그가 이를 때에는 엘리가 길 옆 자기의 의자에 앉아 기다리며 그의 마음이 하나님의 궤로 말미암아 떨릴 즈음이라 그 사람이 성읍에 들어오며 알리매 온 성읍이 부르짖는지라 엘리가 그 부르짖는 소리를 듣고 이르되 이 떠드는 소리는 어찌 됨이냐 그 사람이 빨리 가서 엘리에게 말하니 그 때에 엘리의 나이가 구십팔 세라 그의 눈이 어두워서 보지 못하더라

엘리는 하나님의 언약궤를 전쟁터에 가지고 간 것에 대해 불안한 마음을 가지고 전투 결과를 기다리고 있었습니다. 이때 패전 소식이 실로에 전해졌고 온 성읍이 큰 슬픔에 빠졌습니다. 엘리는 사람들의 부르짖는 소리를 들었지만 어떤 상황인지 정확히 알지 못했습니다. 나이가 많아 앞을 제대로 보지 못했기 때문입니다.

베냐민 사람은 엘리에게 와서 직접 패전 소식을 전했습니다.

> 삼상 4:16-17 그 사람이 엘리에게 말하되 나는 진중에서 나온 자라 내가 오늘 진중에서 도망하여 왔나이다 엘리가 이르되 내 아들아 일이 어떻게 되었느냐 소식을 전하는 자가 대답하여 이르되 이스라엘이 블레셋 사람들 앞에서 도망하였고 백성 중에는 큰 살륙이 있었고 당신의 두 아들 홉니와 비느하스도 죽임을 당하였고 하나님의 궤는 빼앗겼나이다

그가 엘리에게 전한 소식은 세 가지였습니다. 첫째는 이스라엘이 블레셋에게 크게 패하여 많은 사람들이 죽었다는 것이고, 둘째는 엘리의 두 아들 홉니와 비느하스가 죽었다는 것이며, 셋째는 하나님의 언약궤를 블레셋에게 빼앗겼다는 것이었습니다.

삼상 4:18 하나님의 궤를 말할 때에 엘리가 자기 의자에서 뒤로 넘어져 문 곁에서 목이 부러져 죽었으니 나이가 많고 비대한 까닭이라 그가 이스라엘의 사사가 된 지 사십 년이었더라

엘리는 비록 영적으로 둔감해졌지만 그래도 이스라엘의 대제사장으로서 40년 동안 언약궤를 지켜왔던 사람이었습니다. 그런 엘리에게 언약궤를 빼앗겼다는 소식은 너무나 큰 충격이었습니다. 엘리는 정신적 충격으로 의자에서 중심을 잃고 뒤로 넘어져 목이 부러져 죽고 말았습니다. 결국 엘리는 하나님 심판의 예언대로 비참한 최후를 맞이하게 된 것입니다.

삼상 4:19-20 그의 며느리인 비느하스의 아내가 임신하여 해산 때가 가까웠더니 하나님의 궤를 빼앗긴 것과 그의 시아버지와 남편이 죽은 소식을 듣고 갑자기 아파서 몸을 구푸려 해산하고 죽어갈 때에 곁에 서 있던 여인들이 그에게 이르되 두려워하지 말라 네가 아들을 낳았다 하되 그가 대답하지도 아니하며 관념하지도 아니하고

엘리 가문에 내려진 하나님의 심판은 아직 끝나지 않았습니다. 이스라엘이 블레셋과 전쟁을 하고 있을 때 엘리의 며느리이

자 비느하스의 아내는 임신 중이었고 해산할 날이 다가오고 있었습니다. 그런데 그녀에게도 비극적인 소식이 전해졌습니다. 그녀는 언약궤를 빼앗기고 시아버지와 남편이 같은 날 죽었다는 소식을 듣고 충격을 받아 조산하게 되었습니다. 다행히 아이는 태어났지만 그녀는 죽고 말았습니다. 그녀가 죽어갈 때 옆에서 출산을 돕던 여인들이 "네가 아들을 낳았다" 하면서 위로해주었지만 그녀는 아들의 탄생을 전혀 기뻐하지 않았습니다.

> 삼상 4:21-22 이르기를 영광이 이스라엘에서 떠났다 하고 아이 이름을 이가봇이라 하였으니 하나님의 궤가 빼앗겼고 그의 시아버지와 남편이 죽었기 때문이며 또 이르기를 하나님의 궤를 빼앗겼으므로 영광이 이스라엘에서 떠났다 하였더라

비느하스의 아내는 언약궤를 블레셋에게 빼앗겼기 때문에 하나님의 영광이 이제 이스라엘을 떠났다고 생각했습니다. 그래서 아이의 이름을 '영광이 없다.'라는 뜻으로 "이가봇"이라고 지었습니다.

이가봇은 그야말로 불행 가운데 태어난 아이였습니다. 그가 태어난 날 아버지가 전쟁터에서 죽었고, 할아버지는 의자에서

목이 부러져 죽었으며 어머니는 그를 낳자마자 죽었습니다. 이는 1장에 나오는 사무엘의 탄생과 대조적입니다.

사무엘이라는 이름은 한나가 하나님께 구하여 얻은 아들이라는 뜻입니다(삼상 1:20), 한나는 사무엘을 낳고 나서 기쁨과 감사가 넘쳤고, 하나님은 사무엘의 탄생을 통해 한나를 축복하셨습니다. 그러나 비느하스의 아내는 이가봇을 낳고도 기뻐하지 못했고 죽음을 맞이해야 했습니다. 다시 말해 사무엘이 새 시대의 시작을 의미한다면 이가봇은 엘리 가문의 멸망과 옛 시대의 종말을 상징한다고 볼 수 있습니다.

2. 다곤을 넘어뜨린 야훼(삼상 5:1-5)

한편 전쟁에서 승리한 블레셋은 이스라엘에게서 빼앗은 하나님의 궤를 아스돗으로 가져갔습니다.

> 삼상 5:1-2 블레셋 사람들이 하나님의 궤를 빼앗아 가지고 에벤에셀에서부터 아스돗에 이르니라 블레셋 사람들이 하나님의 궤를 가지고 다곤의 신전에 들어가서 다곤 곁에 두었더니

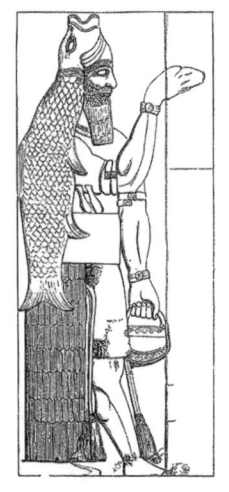

블레셋 사람들이 숭배하는 다곤 신의 모습

블레셋의 다섯 도시 중 하나인 아스돗은 예루살렘에서 서쪽으로 53km, 에벤에셀에서는 남서쪽으로 약 56km 떨어진 곳에 위치하고 있었습니다.

블레셋 사람들이 언약궤를 아스돗으로 가져간 이유는 아스돗에 다곤의 신전이 있었기 때문입니다. 다곤은 가나안 지역의 오래된 토속신으로서 반인반어(半人半漁)의 모습을 하고 있는데 블레셋 사람들은 다곤 신이 땅의 풍요를 주관한다고 믿었습니다.

블레셋 사람들은 자신들이 섬기는 다곤이 이스라엘의 하나님 야훼를 이겼기 때문에 전쟁에 승리했다고 믿었습니다. 그래서 야훼를 상징하는 언약궤를 다곤 신전에 제물로 바치려 했던 것입니다.

그러나 하나님은 이를 용납하지 않으셨습니다.

> 삼상 5:3-4 아스돗 사람들이 이튿날 일찍이 일어나 본즉 다곤이 야훼의 궤 앞에서 엎드러져 그 얼굴이 땅에 닿았는지라 그들이 다곤을 일으켜 다시 그 자리에 세웠더니 그 이튿날 아침에 그들이 일찍이 일어나 본즉 다곤이 야훼의 궤 앞에서 또다시 엎드러져 얼굴이 땅에 닿았고 그 머리와 두 손목은 끊어져 문지방에 있고 다곤의 몸뚱이만 남았더라

블레셋 사람들은 다곤 신상 곁에 야훼 하나님의 언약궤를 두었습니다. 그런데 아침에 일어나 신전에 가보니 다곤 신상이 언약궤 앞에 엎드러져 그 얼굴이 땅에 닿아있었습니다. 그래서 블레셋 사람들은 다곤 신상을 일으켜 세웠습니다. 하지만 이튿날에 다곤 신상이 다시 엎드러져있을 뿐만 아니라 머리와 두 손목은 아예 끊어져 있었습니다. 머리는 지혜를 상징하고 손은 능력을 상징합니다. 하나님 앞에서 다곤은 사람의 손으로 만든 일개 우상에 불과한 무능력한 존재라는 사실이 명명백백하게 드러난 것입니다.

삼상 5:5 그러므로 다곤의 제사장들이나 다곤의 신전에 들어가는 자는 오늘까지 아스돗에 있는 다곤의 문지방을 밟지 아니하더라

하나님의 언약궤 앞에서 엎드러지고 머리와 손이 잘린 다곤 신상의 모습을 보고도 블레셋 사람들은 우상숭배를 버리지 못했습니다. 그들은 이틀에 걸쳐서 일어난 일들을 이상하게 생각하기는 했지만 그 일들이 살아계신 하나님의 심판이라는 것을 깨닫지 못했던 것입니다. 그들은 오히려 다곤 신상의 머리와 손이 떨어진 문지방을 거룩하다고 여겨 문지방을 밟지 않는 새로운 전통을 만들어냈습니다.

이처럼 잘못된 종교에 한번 빠지면 벗어나기가 쉽지 않습니다. 미혹의 영이 영적인 눈을 가려서 진리를 보지 못하게 만들기 때문입니다. 그러므로 우리는 아예 처음부터 우상숭배나 이단에 발을 들이지 말아야 합니다. 호기심으로라도 가까이 가서는 안 됩니다. 미혹의 영에 대한 경계심을 가지고 우리 자신만이 아니라 우리 주위에 있는 사람들도 두루 살펴서 잘못된 길로 가지 않도록 보살펴야 할 것입니다.

3. 블레셋에 임한 재앙(삼상 5:6-12)

다곤 신상의 머리와 손은 끊어졌지만 하나님의 역사하심은 멈추지 않았습니다.

> 삼상 5:6-7 야훼의 손이 아스돗 사람에게 엄중히 더하사 독한 종기의 재앙으로 아스돗과 그 지역을 쳐서 망하게 하니 아스돗 사람들이 이를 보고 이르되 이스라엘 신의 궤를 우리와 함께 있지 못하게 할지라 그의 손이 우리와 우리 신 다곤을 친다 하고

하나님은 능력의 손을 펼치셔서 하나님을 모독한 블레셋에 재앙을 내리셨습니다. 그 결과 독한 종기가 전염병처럼 아스돗 전역에 퍼졌습니다. 그 병이 얼마나 지독했는지 그들은 망할 지경에 이르게 되었습니다. 아스돗 사람들은 이 일이 언약궤로 인해 벌어진 일임을 깨닫고 해결책을 찾기 위해 블레셋 방백들을 모아 회의를 열었습니다.

> 삼상 5:8-9 이에 사람을 보내어 블레셋 사람들의 모든 방백을 모으고 이르되 우리가 이스라엘 신의 궤를 어찌하랴 하니 그들이

대답하되 이스라엘 신의 궤를 가드로 옮겨 가라 하므로 이스라엘 신의 궤를 옮겨 갔더니 그것을 옮겨 간 후에 야훼의 손이 심히 큰 환난을 그 성읍에 더하사 성읍 사람들의 작은 자와 큰 자를 다 쳐서 독한 종기가 나게 하신지라

블레셋의 지도자들은 언약궤를 어떻게 처리할지 의논했습니다. 그들은 언약궤가 재앙의 원인이긴 해도 전쟁에서 얻은 최고의 전리품이었기 때문에 이스라엘로 다시 돌려보내기는 싫었습니다. 그래서 그들이 내놓은 방책은 언약궤를 블레셋의 다른 도시인 가드로 옮기는 것이었습니다.

그런데 장소를 옮기면 문제가 해결될 것이라고 여겼던 블레셋 사람들의 생각은 큰 오산이었습니다. "심히 큰 환난"이라고 표현될 정도로 독한 종기가 가드에서 더욱 크게 번졌기 때문입니다. 하나님은 장소나 시간에 구애받지 않으십니다. 하나님의 전능하신 능력이 미치지 않는 곳은 없습니다. 온 세계와 그 안에 있는 모든 만물이 창조주 하나님이 지으신 피조물이기 때문입니다.

삼상 5:10 이에 그들이 하나님의 궤를 에그론으로 보내니라 하나님의 궤가 에그론에 이른즉 에그론 사람이 부르짖어 이르되 그들이 이스라엘 신의 궤를 우리에게로 가져다가 우리와

우리 백성을 죽이려 한다 하고

가드 사람들은 심한 전염병에 놀라 방백 회의를 거치지도 않고 언약궤를 블레셋의 또 다른 도시인 에그론으로 옮겼습니다. 그러나 아스돗과 가드에서 일어난 일들에 대해 이미 전해 들은 에그론 사람들은 언약궤가 들어오는 것에 반발했습니다. 하나님의 재앙이 자신들의 도시에도 내릴까 두려웠던 것입니다.

> 삼상 5:11-12 이에 사람을 보내어 블레셋 모든 방백을 모으고 이르되 이스라엘 신의 궤를 보내어 그 있던 곳으로 돌아가게 하고 우리와 우리 백성이 죽임 당함을 면하게 하자 하니 이는 온 성읍이 사망의 환난을 당함이라 거기서 하나님의 손이 엄중하시므로 죽지 아니한 사람들은 독한 종기로 치심을 당해 성읍의 부르짖음이 하늘에 사무쳤더라

에그론 사람들은 블레셋의 방백들을 다시 모으고 언약궤를 이스라엘로 돌려보내자고 제안했습니다. 하나님의 손이 더 강하게 블레셋을 치셔서 수많은 사람들이 죽게 되고 온 성읍의 사람들이 고통으로 부르짖었기 때문입니다. 블레셋은 두 번의 재앙을 겪고 나서야 이 재앙이 하나님의 심판임을 깨닫고 언약궤를 이스라엘

로 돌려보내기로 결정했습니다.

하나님의 심판이 임하면 그 즉시 돌아서야 합니다. 하나님이 원하시는 일이 아니면 무조건 멈춰서서 회개해야 합니다. 그렇지 않으면 더 큰 재앙을 당할 뿐입니다. 하나님의 뜻에 대항하는 것만큼 어리석은 일은 없습니다.

이스라엘이 블레셋과의 전투에서 패하고 언약궤도 빼앗겼지만 이것이 하나님의 패배를 의미하지 않습니다. 하나님은 오히려 하나님의 손을 들어서 직접 블레셋을 치셨습니다. 하나님은 블레셋이 섬기는 다곤 신상을 무너뜨리셨고 블레셋 사람들을 독한 종기로 심판하셨습니다. 이로써 하나님은 이방 땅 한가운데서 하나님만이 살아계신 참신이심을 드러내셨습니다.

요약

블레셋과의 전쟁에서 패배한 이스라엘은 하나님의 언약궤를 빼앗겼습니다. 그러나 이스라엘이 블레셋에게 패한 것은 이스라엘의 하나님이 블레셋의 우상인 다곤보다 약해서가 아니었습니다. 모든 것은 하나님의 놀라운 섭리 가운데 일어난 일이었습니다. 우선 하나님은 블레셋을 엘리 가문에 대한 심판의 도구로 사용하셨습니다. 하나님 앞에서 범죄한 홉니와 비느하스가 전쟁터에서 죽임을 당하고 아들들의 죽음과 함께 언약궤를 빼앗겼다는 소식을 들은 엘리 역시 의자에서 넘어져 죽었으며 엘리의 며느리도 해산하다가 죽음을 맞이했습니다. 또한 하나님은 하나님을 모독한 블레셋도 심판하셨습니다. 블레셋의 우상인 다곤은 하나님의 언약궤 앞에 엎드러지고 그 머리와 손이 끊어졌습니다. 언약궤를 두었던 블레셋의 두 도시 아스돗과 가드는 독한 종기가 창궐하여 극심한 환난을 겪었습니다. 이로 말미암아 블레셋 사람들은 하나님의 능력을 두려워하게 되었고 결국 언약궤를 이스라엘로 돌려보내기로 했습니다.

묵상

하나님의 주권은 교회나 성도들에게만 한정되지 않습니다. 온 세계 만국을 다스리시고 세계의 역사를 이끌어가시는 하나님의 절대 주권에 대해 깊이 묵상해봅시다.

적용

아무리 강하고 거대해 보이는 문제들도 모두 하나님의 손 안에 있습니다. 지금 내 삶을 가로막고 있는 문제들은 무엇입니까? 합력하여 선을 이루시는 하나님, 위기를 기회로 만드시는 역전의 하나님을 믿으며 그 문제들을 주님 앞에 내려놓고 그분의 도우심을 간구합시다.

—— Thus far has the LORD helped us ——

7장
언약궤의 귀환

삼상 6:1-7:1

07
언약궤의 귀환

(삼상 6:1-7:1)

블레셋 사람들은 이스라엘로부터 탈취한 하나님의 언약궤를 그들이 섬기는 다곤 신전에 두었습니다. 그러자 하나님은 다곤 신상을 넘어뜨리시고 블레셋 도시에 독종 재앙을 내리셨습니다. 그러나 블레셋 사람들은 이러한 재앙이 하나님의 심판임을 깨닫지 못하고 언약궤를 이 도시 저 도시로 옮기다가 더 큰 재앙을 불러왔습니다. 사망의 환난이 극에 달하고 고통의 부르짖음이 하늘에 사무치게 되자 블레셋 사람들은 결국 언약궤를 이스라엘에 돌려보내기로 했습니다. 6장 1절부터는 언약궤가 돌아오는 과정을 보여주고 있습니다.

1. 언약궤 반송을 위한 준비 (삼상 6:1-9)

> **삼상 6:1** 야훼의 궤가 블레셋 사람들의 지방에 있은 지 일곱 달이라

언약궤가 블레셋에 머무는 동안 블레셋 사람들은 재앙으로 인해 큰 고초를 치르게 되었습니다. 언약궤 앞에 다곤 신상이 엎드러지고 언약궤가 옮겨간 도시에는 독종 전염병이 퍼졌습니다. 그 기간이 어느덧 일곱 달이나 되었습니다.

블레셋 사람들은 더 이상 버티지 못하고 언약궤를 돌려보낼 방법을 찾기 위해 다시 회의를 소집했습니다.

> **삼상 6:2-3** 블레셋 사람들이 제사장들과 복술자들을 불러서 이르되 우리가 야훼의 궤를 어떻게 할까 그것을 어떻게 그 있던 곳으로 보낼 것인지 우리에게 가르치라 그들이 이르되 이스라엘 신의 궤를 보내려거든 거저 보내지 말고 그에게 속건제를 드려야 할지니라 그리하면 병도 낫고 그의 손을 너희에게서 옮기지 아니하는 이유도 알리라 하니

블레셋 사람들은 제사장들과 복술자들을 불러 이 문제를 논의했습니다. 그들은 언약궤를 그냥 돌려보내지 말고 이스라엘의 신

에게 속건제를 드려야 한다고 조언했습니다. 속건제는 성물에 대해 죄를 범했을 때 드리는 제사입니다. 그들은 언약궤가 이스라엘 신의 성물이기 때문에 속건제를 드림으로써 하나님의 진노를 누그러뜨려서 독종의 재앙에서 놓여나기를 기대했습니다.

> 삼상 6:4-5 그들이 이르되 무엇으로 그에게 드릴 속건제를 삼을까 하니 이르되 블레셋 사람의 방백의 수효대로 금 독종 다섯과 금 쥐 다섯 마리라야 하리니 너희와 너희 통치자에게 내린 재앙이 같음이니라 그러므로 너희는 너희의 독한 종기의 형상과 땅을 해롭게 하는 쥐의 형상을 만들어 이스라엘 신께 영광을 돌리라 그가 혹 그의 손을 너희와 너희의 신들과 너희 땅에서 가볍게 하실까 하노라

블레셋의 종교 지도자들은 속건제 제물로 금 독종 다섯과 금 쥐 다섯을 드리라고 말했습니다. 다섯이란 숫자는 블레셋 방백의 수효를 따른 것이고 독한 종기와 쥐의 형상은 그들이 겪고 있는 전염병을 형상화한 것입니다. 즉, 독종의 재앙을 멈추기 위해서는 이 제물을 이스라엘의 신께 바쳐서 영광을 돌려야 한다는 것입니다. 그들은 하나님이 제물을 받으시고 자신의 땅과 신들에게 내린 재앙을 그치게 하실지도 모른다고 생각했기 때문입니다. 이

는 블레셋 사람들이 현재 자신들에게 임한 재앙이 하나님에게서 왔다는 것을 인정하고 하나님의 위대하신 능력 앞에 완전히 굴복했다는 것을 보여주는 것입니다.

> 삼상 6:6 애굽인과 바로가 그들의 마음을 완악하게 한 것 같이 어찌하여 너희가 너희의 마음을 완악하게 하겠느냐 그가 그들 중에서 재앙을 내린 후에 그들이 백성을 가게 하므로 백성이 떠나지 아니하였느냐

블레셋의 제사장들과 복술가들은 이스라엘이 출애굽할 때 바로의 완악함으로 인해 애굽이 큰 재앙을 당했던 사실을 상기시켰습니다.

바로는 하나님이 내리신 재앙으로 애굽 사람들이 고통스러워하는 것을 보면서도 이스라엘을 놓아주지 않았습니다. 그 이유에 대해 성경은 그의 마음이 완악해졌기 때문이라고 말씀합니다(출 7:22, 8:15, 19, 32, 9:7, 12, 35, 10:20, 27). 바로가 하나님 앞에서 자기 고집을 굽히지 않고 완강하게 버텼기 때문에 애굽 사람들은 점점 더 큰 재앙으로 고통받아야 했습니다. 바로는 결국 장자의 죽음이라는 열 번째 재앙까지 당하고 나서야 이스라엘을 놓아주었고 그것도 모자라 홍해까지 쫓아왔다가 군대가 전멸하는 파국을 맞이했습니다.

블레셋의 종교 지도자들은 블레셋이 현재에도 극심한 독종 재앙으로 인해 고통받고 있지만 빨리 하나님께 굴복하지 않으면 애굽처럼 더 큰 재앙을 당할지도 모른다고 경고한 것입니다.

> 삼상 6:7-9 그러므로 새 수레를 하나 만들고 멍에를 메어 보지 아니한 젖 나는 소 두 마리를 끌어다가 소에 수레를 메우고 그 송아지들은 떼어 집으로 돌려보내고 야훼의 궤를 가져다가 수레에 싣고 속건제로 드릴 금으로 만든 물건들은 상자에 담아 궤 곁에 두고 그것을 보내어 가게 하고 보고 있다가 만일 궤가 그 본 지역 길로 올라가서 벧세메스로 가면 이 큰 재앙은 그가 우리에게 내린 것이요 그렇지 아니하면 우리를 친 것이 그의 손이 아니요 우연히 당한 것인 줄 알리라 하니라

블레셋의 종교 지도자들은 이미 블레셋 땅에 내린 전염병의 저주가 하나님에게서 온 것임을 알았습니다. 그러나 아직도 의심하는 블레셋 사람들을 위해 한 가지 제안을 했습니다. 그들이 당한 재앙이 이스라엘의 하나님에게서 온 것인지 아니면 우연히 일어난 것인지 확인하자는 것이었습니다.

그 방법은 아직 멍에를 메어보지 않은 젖 나는 암소 둘을 골라

수레를 끌게 하는 것이었습니다. 새끼에게 젖을 먹이는 암소는 본능적으로 새끼와 떨어지지 않으려고 합니다. 억지로 새끼를 떼어놓으면 불안해하고 저항합니다. 그런데 멍에를 메어본 적도 없는 암소가 새끼를 뒤로 한 채 순순히 수레를 끌고 간다면 이는 거의 불가능에 가까운 일이므로 하나님이 하신 일임을 인정하자는 것이었습니다. 하나님은 그들이 고안한 이 방법을 하나님의 살아계심과 전능하심을 보여주는 기회로 사용하셨습니다.

2. 언약궤의 귀환(삼상 6:10-18)

전리품으로 가져온 언약궤 때문에 큰 곤욕을 치른 블레셋 사람들은 언약궤의 귀환을 공들여 준비했습니다.

> 삼상 6:10-11 그 사람들이 그같이 하여 젖 나는 소 둘을 끌어다가 수레를 메우고 송아지들은 집에 가두고 야훼의 궤와 및 금 쥐와 그들의 독종의 형상을 담은 상자를 수레 위에 실으니

블레셋 사람들은 종교 지도자들의 조언대로 젖을 먹이는 암소

두 마리에게서 송아지를 떼어낸 뒤 수레를 끌게 했습니다. 그리고 그 수레 위에 야훼의 궤와 속건 제물인 금 쥐와 금 독종을 담은 상자를 실었습니다.

하나님은 이스라엘의 백성이 애굽에서 나올 때 그들이 빈손으로 나오지 않고 애굽의 많은 보화를 가지고 나오도록 하셨습니다. 그때와 마찬가지로 언약궤가 블레셋 땅에서 나올 때도 블레셋은 속건제의 형태로 하나님께 제물을 드렸습니다.

> 삼상 6:12 암소가 벧세메스 길로 바로 행하여 대로로 가며 갈 때에 울고 좌우로 치우치지 아니하였고 블레셋 방백들은 벧세메스 경계선까지 따라 가니라

드디어 언약궤의 귀환 행렬이 시작되었습니다. 새끼와 떨어진 암소는 울면서도 좌우로 치우치지 않고 벧세메스를 향해 곧장 나아갔습니다.

불가능하다고 여겼던 일이 실제로 일어난 것입니다. 독종이 우연히 발생한 것일지도 모른다고 의심했던 블레셋 사람들도 이 광경을 보고 입을 다물었습니다. 이제는 어느 누구도 하나님이 하신 일에 대해 부정할 수가 없었습니다.

블레셋 방백들은 벧세메스 경계선까지 수레를 따라가면서 두

려움 속에서 이 모든 과정을 지켜보았습니다. 하나님은 그들의 눈앞에서 독종은 우연이 아니라 하나님이 내리신 재앙임을 친히 증명하셨고 하나님을 믿지 않는 이방 민족들조차도 하나님의 위대하심을 인정할 수밖에 없었습니다.

여기에서 '좌우로 치우치지 않는다.'라는 말은 온전한 순종을 나타내는 관용적인 표현입니다. 언약궤의 수레를 끌었던 암소는 자기의 모성 본능을 누르고 한 번도 메지 않았던 멍에를 지고 처음 가보는 길을 걸어가며 하나님의 뜻에 순종한 것입니다. 우리도 하나님이 맡기신 일을 감당할 때 이와 같은 순종의 모습을 보여야 합니다. 암소가 하나님의 뜻에 순종함으로써 언약궤를 반환하는 일에 쓰임받은 것처럼, 자신의 욕망이나 목적이 아닌 오직 하나님의 뜻에 순종하는 사람만이 하나님의 일꾼으로 귀하게 쓰임받을 수 있습니다.

또한 송아지의 울음소리는 우리가 믿음의 전진을 할 때 앞으로 나아가지 못하도록 우리의 발목을 붙잡는 것들을 상징합니다. 그것이 물질, 명예, 권력, 때로는 사람이 될 수도 있습니다. 그러나 하나님의 뜻에 순종하고자 결단했다면 모든 얽매이는 것을 떨쳐버리고 담대하게 앞으로 나아가야 합니다. 어미 소를 찾는 송아지의 울음소리에도 앞을 향해 나아갔던 암소처럼 우리도 뒤돌아보지 말고 앞에 있는 푯대를 향해 전진해야 합니다.

> 삼상 6:13 벧세메스 사람들이 골짜기에서 밀을 베다가 눈을 들어 궤를 보고 그 본 것을 기뻐하더니

벧세메스 사람들이 밀을 베고 있었던 것으로 보아 언약궤가 돌아온 때는 이스라엘의 수확기인 5, 6월경으로 짐작됩니다.

이스라엘이 블레셋과의 전쟁에서 패하여 언약궤를 빼앗겼다는 소식이 실로에 전해졌을 때, 이스라엘 사람들은 절망과 슬픔 속에서 부르짖었습니다(삼상 4:12-14). 그들은 언약궤와 함께 하나님의 영광도 이스라엘을 떠났다고 생각했습니다. 그런데 빼앗겼던 언약궤가 다시 이스라엘로 돌아왔으니 얼마나 기뻤겠습니까! 이스라엘의 절망의 부르짖음은 기쁨의 환호성으로 바뀌었습니다.

언약궤의 반환을 위해 이스라엘이 한 일은 아무것도 없었습니다. 이스라엘이 블레셋으로부터 언약궤를 되찾아온 것이 아니라 하나님이 친히 블레셋을 굴복시키시고 언약궤를 돌려보내게 하신 것입니다. 언약궤의 반환은 순전히 하나님의 능력으로 이루어진 일입니다. 하나님은 이스라엘의 실패를 승리로 바꾸시고 이스라엘의 절망을 기쁨으로 바꾸셨습니다. 또한 하나님은 언약궤 반환을 통해 이스라엘이 회개하고 하나님의 백성으로 살아갈 기회를 다시 한번 주셨습니다.

> 삼상 6:14-15 수레가 벧세메스 사람 여호수아의 밭 큰 돌 있는 곳에 이르러 선지라 무리가 수레의 나무를 패고 그 암소들을 번제물로 야훼께 드리고 레위인은 야훼의 궤와 그 궤와 함께 있는 금 보물 담긴 상자를 내려다가 큰 돌 위에 두매 그 날에 벧세메스 사람들이 야훼께 번제와 다른 제사를 드리니라

벧세메스는 여호수아가 땅을 분배할 때 제사장 아론의 자손에게 준 곳이었습니다(수 21:13-16). 그래서 많은 제사장들과 레위인들이 벧세메스에 거주하고 있었습니다. 그들은 언약궤가 이스라엘로 돌아온 것을 기뻐하며 그 즉시 하나님께 제사를 드렸습니다. 언약궤를 실었던 수레를 나무로 쓰고 암소들을 제물로 삼아서 하나님께 번제를 드렸고, 같은 날에 "다른 제사"도 함께 드렸습니다. 이 때 드린 다른 제사는 번제와 함께 드려지는 화목제로 짐작됩니다(신 27:6-7). 훗날 다윗이 언약궤를 오벧에돔의 집에서 다윗성으로 옮겨올 때도 번제와 화목제를 함께 드렸습니다(삼하 6:17).

> 삼상 6:16 블레셋 다섯 방백이 이것을 보고 그 날에 에그론으로 돌아갔더라

언약궤가 블레셋에 있었던 일곱 달 동안 블레셋 사람들에게 언약궤는 두려움과 공포의 대상이었습니다. 언약궤는 전염병을 몰고 오는 죽음의 사자처럼 여겨졌고 그 어디서도 환영받지 못했습니다. 그러나 벧세메스 사람들은 언약궤를 보고 기뻐하며 감사의 제사를 드렸습니다. 블레셋의 다섯 방백은 이 모습을 보고 에그론으로 돌아갔습니다. 그들은 블레셋 땅에서는 큰 재앙으로 심판하신 하나님이 자기 백성의 땅에서는 위로와 기쁨을 주시는 것을 보았습니다. 이를 통해 그들은 야훼 하나님이 이스라엘의 하나님이심을 다시 확인하게 된 것입니다.

> 삼상 6:17-18 블레셋 사람이 야훼께 속건제물로 드린 금 독종은 이러하니 아스돗을 위하여 하나요 가사를 위하여 하나요 아스글론을 위하여 하나요 가드를 위하여 하나요 에그론을 위하여 하나이며 드린 바 금 쥐들은 견고한 성읍에서부터 시골의 마을에까지 그리고 사람들이 야훼의 궤를 놓은 큰 돌에 이르기까지 다섯 방백들에게 속한 블레셋 사람들의 모든 성읍들의 수대로였더라 그 돌은 벧세메스 사람 여호수아의 밭에 오늘까지 있더라

언약궤가 이스라엘로 돌아온 이야기는 블레셋에 대한 야훼 하

나님의 승전 보고로 마무리됩니다. 블레셋의 다섯 주요 도시를 위한 금 독종 다섯 개와 블레셋의 크고 작은 모든 성읍과 마을의 수만큼의 금 쥐는 모두 야훼의 전리품이었습니다. 큰 성읍부터 작은 마을에 이르기까지 블레셋 전체가 야훼의 권능의 손 아래 굴복한 것입니다.

성경은 이러한 사건의 증거물로 "큰 돌"을 듭니다. 돌은 고대 사회에서 기적적인 사건이나 기념비적인 일을 기억하기 위한 표시나 증거물로 사용되었습니다(수 4:1-3, 24:26-28). 벧세메스 사람 여호수아의 밭에 있는 큰 돌은 언약궤의 귀환 사건을 확증하고 기념하는 증거물이 되었습니다.

3. 기럇여아림으로 간 언약궤 (삼상 6:19-7:1)

언약궤가 이스라엘로 돌아온 것을 기뻐하며 하나님께 감사의 제사를 드렸던 벧세메스 사람들에게 큰 사건이 터졌습니다.

> 삼상 6:19 벧세메스 사람들이 야훼의 궤를 들여다 본 까닭에 그들을 치사 (오만) 칠십 명을 죽이신지라 야훼께서 백성을 쳐서 크게 살육하셨으므로 백성이 슬피 울었더라

성물과 지성물은 거룩한 것이기 때문에 함부로 만지거나 가까이하면 안 됩니다. 하나님은 이에 대해 엄중히 경고하시면서 "그들이 지성물에 접근할 때에 그들의 생명을 보존하고 죽지 않게 하기 위하여 이같이 하라 … 그들은 잠시라도 들어가서 성소를 보지 말라 그들이 죽으리라"(민 4:19-20)라고 말씀하셨습니다. 그러나 벧세메스 사람들은 지성물에 대한 규례를 어기고 언약궤를 열어서 그 안을 들여다보았습니다. 이러한 모습은 기럇여아림 사람들이 언약궤를 대하는 태도와 대조를 이룹니다(삼상 7:1).

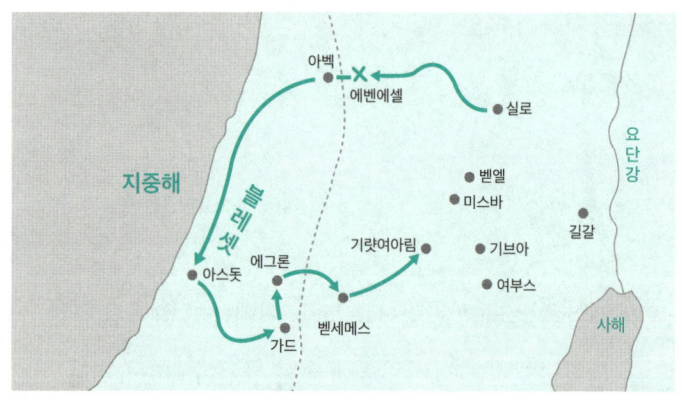

언약궤의 이동 경로

벧세메스 사람들은 이 죄로 인해 하나님의 징계를 받았고 결국 그들 가운데 칠십 명이 죽임을 당했습니다. 기쁨과 즐거움으로 가득했던 축제의 장소가 일순간에 슬픔과 눈물의 장소가 되고 말았습니다.

> 삼상 6:20 벧세메스 사람들이 이르되 이 거룩하신 하나님 야훼 앞에 누가 능히 서리요 그를 우리에게서 누구에게로 올라가시게 할까 하고

하나님의 징계로 많은 사람들이 죽게 되자 벧세메스 사람들은 두려움에 떨었습니다. 하지만 그들은 자신들의 죄에 대해 회개하지 않았습니다. 오히려 하나님의 언약궤가 너무 거룩한 탓이라고 여기고 "이 거룩하신 하나님 야훼 앞에 누가 능히 서리요"라며 탄식했습니다.

사실상 언약궤 자체가 문제는 아닙니다. 언약궤는 하나님의 임재를 상징하기 때문에 이를 잘 보관하면 오히려 축복을 받게 됩니다. 언약궤를 오벧에돔의 집에 석 달간 두었을 때 하나님이 오벧에돔의 집과 그의 모든 소유에 복을 주신 사실이 이를 증명해줍니다 (삼하 6:11-12). 같은 언약궤지만 하나님을 경외하는 자에게는 축복받을 기회가, 그렇지 못한 자들에게는 저주의 원인이 된 것입니다.

우리가 예수님을 믿어 하나님의 백성이 되면 하나님이 주시는 특별한 은혜와 축복을 누릴 수 있습니다. 이것은 하나님의 백성

의 특권입니다. 그러나 이와 동시에 우리는 하나님의 백성의 의무, 즉 하나님을 경외해야 하는 것 역시 잊어서는 안 됩니다. "나를 존중히 여기는 자를 내가 존중히 여기고 나를 멸시하는 자를 내가 경멸하리라"(삼상 2:30)라는 하나님의 말씀을 잊지 말아야 합니다.

우리도 벧세메스 사람들과 같은 실수를 종종 합니다. 하나님의 방법이 내 생각과 다를 때, 하나님을 믿는 것 때문에 어려움이 다가올 때, 하나님의 뜻에 따르기 위해 손해를 감수해야 할 때 하나님을 멀리하고 하나님의 뜻에 불순종하는 것입니다.

그렇다고 해서 벧세메스 사람들이 언약궤를 다른 곳으로 보냈던 것처럼 하나님과 거리를 두려고 하면 안 됩니다. 설령 우리에게 힘들고 고통스러운 일이 닥친다고 할지라도 우리는 주님을 떠나서는 안 됩니다.

> **삼상 6:21-7:1** 전령들을 기럇여아림 주민에게 보내어 이르되 블레셋 사람들이 야훼의 궤를 도로 가져왔으니 너희는 내려와서 그것을 너희에게로 옮겨 가라 기럇여아림 사람들이 와서 야훼의 궤를 옮겨 산에 사는 아비나답의 집에 들여놓고 그의 아들 엘리아살을 거룩하게 구별하여 야훼의 궤를 지키게 하였더니

벧세메스 사람들은 기럇여아림 주민들에게 언약궤를 가지고 갈 것을 요청했습니다. 기럇여아림 주민들은 이 요청에 따라 벧세메스로 내려가서 언약궤를 가져와 아비나답의 집에 두었습니다. 그러나 그들은 벧세메스 사람들과는 달리 언약궤를 신중하고 조심스럽게 다루었습니다. 그들은 아비나답의 아들 엘리아살을 거룩히 구별하여 언약궤를 지키게 했던 것입니다. 그래서 기럇여아림에는 벧세메스에 내렸던 재앙이 임하지 않았고 언약궤는 이후 예루살렘에 있는 다윗성으로 옮겨지기 전까지(삼하 6:3) 20년을 그곳에 머무르게 되었습니다.

실로에서 블레셋으로, 블레셋에서 벧세메스로, 벧세메스에서 기럇여아림으로 이어지는 언약궤의 이동에 관한 이야기는 하나님의 거룩성을 침해하고 하나님을 경홀히 여긴 죄에 대한 심판을 계속적으로 보여줍니다. 하나님의 언약궤를 자기의 뜻대로 이용하려 했던 이스라엘의 패배, 언약궤를 이방 신전에 두고 하나님을 모독하여 전염병의 심판을 받은 블레셋, 하나님의 규례를 어기고 언약궤를 들여다본 벧세메스 사람들의 죽음, 이 일련의 사건들을 통해 우리는 이스라엘 백성이든 이방 민족이든 상관없이 하나님을 경외하지 않는 자는 그 누구라도 심판받게 된다는 사실을 배우게 됩니다.

우리는 하나님의 사랑을 받는 자녀입니다. 그러나 그 사실이 하나님을 경홀히 여겨도 된다는 것을 의미하지 않습니다. 오히려 하나님의 사랑을 받는 자녀일수록 더욱 하나님을 높이고 섬겨야 합니다. 하나님은 자신을 존중히 여기는 자를 존중히 여기시고 자신을 멸시하는 자를 경멸하신다는 경고의 말씀을 늘 기억해야 할 것입니다.

요약

블레셋 사람들은 언약궤를 이스라엘에 반환하기로 결정한 뒤 하나님께 드릴 속건 제물, 즉 금 독종 다섯 개와 금 쥐 다섯 개를 준비했습니다. 그리고 독종 재앙이 정말 하나님에게서 온 것인지 확인하기 위해 한 번도 멍에를 메지 않은 젖 나는 암소 둘을 준비하여 언약궤를 실은 수레를 끌게 했습니다. 놀랍게도 암소들은 새끼를 뒤로 한 채 울면서 곧장 벧세메스를 향해 갔습니다. 하나님은 이를 통해 블레셋에게 임한 재앙이 하나님의 심판임을 친히 증명하셨습니다. 빼앗긴 언약궤가 돌아오자 벧세메스 사람들은 기뻐하며 하나님께 제사를 드렸습니다. 그러나 일부 사람들이 하나님의 규례를 어기고 언약궤 안을 들여다보다가 죽임을 당했습니다. 벧세메스 사람들은 언약궤를 기럇여아림으로 올려보냈고 언약궤는 아비나답의 집에 머무르게 되었습니다.

묵상

예수님을 영접하고 신앙생활을 시작한 이후에 하나님의 백성으로서 특권을 누리는 것에만 중점을 두고 하나님을 경외하는 일에는 소홀하지 않았는지 생각해봅시다.

적용

하나님 앞에서의 나의 모습, 예를 들어 예배하고 봉사하고 헌금할 때의 마음가짐과 태도 등을 점검하고 거룩하신 하나님께 합당한 모습을 보일 수 있도록 노력합시다.

——————— Thus far has the LORD helped us ———————

8장

에벤에셀의 하나님

삼상 7:2-17

08

에벤에셀의 하나님

(삼상 7:2-17)

　빼앗긴 언약궤가 돌아왔지만 이것이 곧 하나님과 이스라엘 사이의 관계 회복을 의미하는 것은 아니었습니다. 하나님과의 관계 회복은 진정한 회개가 뒤따를 때만 가능한 것이기 때문입니다. 그런데 언약궤가 돌아온 지 20년이 되었을 즈음 이스라엘 백성들의 마음속에는 회개를 통해 하나님과의 관계를 회복하고자 하는 소원이 싹트기 시작했습니다.

1. 이스라엘의 회개 (삼상 7:2-6)

> 삼상 7:2 궤가 기럇여아림에 들어간 날부터 이십 년 동안 오래 있은 지라 이스라엘 온 족속이 야훼를 사모하니라

언약궤가 기럇여아림의 아비나답 집에 머무른 지 20년이 지났습니다. 그 20년 동안 이스라엘은 많은 어려움을 겪었던 것으로 보입니다. "사모하니라"라고 번역된 히브리어의 본래 의미는 '슬퍼하다'입니다. 또한 3절에서 사무엘이 "그리하면 너희를 블레셋 사람의 손에서 건져내시리라"라고 말한 것으로 미루어볼 때 이스라엘 백성은 블레셋의 압제로 고통스러운 시간을 보내고 있었던 것으로 짐작됩니다.

하나님을 떠난 인생은 형통한 삶을 살 수 없습니다. 20년이라는 시간은 길 수도 있고 짧을 수도 있는 시간입니다. 하지만 하나님과 함께하지 못한 20년이라는 세월은 이스라엘 백성들에게 참으로 길고도 고된 시간이었을 것입니다. 그들은 이 힘든 시간을 보낸 뒤에야 비로소 애통해하며 하나님의 구원을 간절히 사모하게 되었습니다. 드디어 이스라엘의 영적인 흐름이 달라지기 시작한 것입니다.

바로 이때 4장 1절을 마지막으로 그간 등장하지 않던 사무엘

이 다시 등장합니다. 애굽에서 노예 생활을 하던 이스라엘 백성들이 하나님께 부르짖었을 때 그 응답으로 모세를 보내주신 하나님이 이번에는 사무엘을 보내주신 것입니다.

> 삼상 7:3-4 사무엘이 이스라엘 온 족속에게 말하여 이르되 만일 너희가 전심으로 야훼께 돌아오려거든 이방 신들과 아스다롯을 너희 중에서 제거하고 너희 마음을 야훼께로 향하여 그만을 섬기라 그리하면 너희를 블레셋 사람의 손에서 건져내시리라 이에 이스라엘 자손이 바알들과 아스다롯을 제거하고 야훼만 섬기니라

이스라엘 백성들은 당시 가나안 사람들의 종교적 풍습을 따라 바알과 아스다롯을 섬겼습니다. 바알은 농경 사회에서 비를 관장하는 풍요의 신이며 아스다롯은 사랑과 전쟁의 여신입니다. 이스라엘 백성들은 농사가 잘되는 풍요로운 삶을 살기 위해 바알을 섬겼고 블레셋을 포함한 이방 민족과의 전쟁의 위협 속에서 평화롭고 안정된 삶을 살기 위해 아스다롯을 섬겼습니다.

풍요와 안정을 추구하는 것 자체는 문제가 되지 않습니다. 인간이라면 누구나 추구하는 것이기 때문입니다. 문제는 이스라엘 백성들이 물질적 풍요와 안정이라는 현실적 필요를 하나님보다

더 중요하게 생각했다는 점입니다. 그래서 그들은 하나님 외에 다른 신을 섬기지 말라는 명령을 뒤로하고 이러한 필요들을 채워 줄 수 있는 신이라면 그 신이 바알이든 아스다롯이든 상관없이 섬겼고 그 우상 앞에 절했습니다.

사무엘은 이스라엘 백성들이 이러한 우상숭배의 죄로 인해 블레셋 사람들의 압제를 당했다고 지적했습니다. 그러면서 전심으로 하나님을 섬기고자 한다면 먼저 우상을 제거하고 마음을 하나님께로 향하여 하나님만 섬기라고 촉구했습니다. 이에 이스라엘 백성들은 자신들의 잘못을 뉘우치고 야훼 하나님만을 섬기기로 결단했습니다.

오늘날 많은 사람들이 물질, 사람, 명예, 인기, 권력 등을 하나님보다 더 의지하고 사모합니다. 이는 바알이나 아스다롯과 같은 우상을 섬기는 것과 다를 바 없습니다. 이스라엘이 범한 우상숭배의 죄를 우리도 저지를 수 있습니다. 그러므로 하나님보다 더 사랑하고 의지하고 있는 것들이 있는지 우리 마음을 점검해보아야 합니다. 혹시라도 그런 것들에 마음을 빼앗겼다면 지금 즉시 회개하고 하나님만을 섬기기로 결단해야 합니다.

삼상 7:5-6 사무엘이 이르되 온 이스라엘은 미스바로 모이라 내가 너희를 위하여 야훼께 기도하리라 하매 그들이 미스바에 모

> 여 물을 길어 야훼 앞에 붓고 그 날 종일 금식하고 거기에
> 서 이르되 우리가 야훼께 범죄하였나이다 하니라 사무엘
> 이 미스바에서 이스라엘 자손을 다스리니라

사무엘은 이스라엘 백성들을 미스바로 모이게 했습니다. 그들은 그곳에서 물을 길어 하나님 앞에 붓고 종일 금식하며 죄를 고백했습니다.

물이 귀한 가나안 지역에서 하나님 앞에 물을 붓는다는 것은 특별한 의미가 있습니다. 먼저는 믿음의 고백입니다. 이스라엘 백성들은 농사에 필요한 물을 부음으로써 풍요가 바알에게서 나오는 것이 아니라 하나님에게서 나오는 것임을 인정하고 고백했습니다. 두 번째는 온전한 금식입니다. 그들은 먹을 것뿐만 아니라 마시는 것까지 땅에 쏟아버림으로써 자신들의 간절함을 하나님께 보여드렸습니다. 마지막으로 진정한 회개입니다. 물은 정결을 의미합니다. 그들은 물을 쏟아부으며 그들의 우상숭배의 죄악이 깨끗하게 씻기기를 구했습니다.

또한 이스라엘 백성들은 "우리가 야훼께 범죄하였나이다"라는 입술의 고백을 통해 자신들의 죄를 시인하며 하나님 앞에 회개의 기도를 올려드렸습니다.

이스라엘 백성들이 미스바로 나아와 물을 쏟으며 회개한 것처

럼 우리도 간절한 마음으로 예수 그리스도의 십자가 밑으로 나아와 눈물을 쏟으며 회개해야 합니다. 그럴 때 우리의 영원한 중보자 되시는 예수님의 보혈의 공로로 하나님과 화목한 관계를 회복할 수 있습니다.

2. 야훼의 전쟁(삼상 7:7-11)

> 삼상 7:7-8 이스라엘 자손이 미스바에 모였다 함을 블레셋 사람들이 듣고 그들의 방백들이 이스라엘을 치러 올라온지라 이스라엘 자손들이 듣고 블레셋 사람들을 두려워하여 이스라엘 자손이 사무엘에게 이르되 당신은 우리를 위하여 우리 하나님 야훼께 쉬지 말고 부르짖어 우리를 블레셋 사람들의 손에서 구원하시게 하소서 하니

블레셋은 이스라엘 사람들이 미스바에 모여있다는 소식을 듣고 이스라엘에 쳐들어왔습니다. 하나님의 백성이 모여서 기도하면 하나님이 다가오던 고난도 막아주실 것 같은데 오히려 블레셋이 공격해온 것입니다.

오늘날 사탄의 공격이 이와 같습니다. 사탄은 우리가 모이는

것을 싫어합니다. 사탄은 우리가 죄를 회개하고 영적으로 부흥하는 것을 싫어합니다. 그래서 사탄은 기도하는 사람을 공격하고 부흥하는 교회를 공격합니다. 마귀는 하나님의 자녀들을 어찌하든지 넘어뜨리려고 우는 사자와 같이 돌아다닙니다. 마지막 때가 다가올수록 사탄의 공격은 더욱 집요해질 것입니다. 그럼에도 불구하고, 아니 그렇기 때문에 우리는 더욱 모이기에 힘쓰고 더욱 부르짖어 기도해야 합니다.

이스라엘은 20여 년 전 블레셋과의 전쟁에서 크게 패했고 전쟁터로 가져갔던 언약궤마저도 블레셋에게 빼앗겼습니다. 그 아픈 기억이 이스라엘 백성들의 뇌리에 남아있었기에 블레셋이 쳐들어왔을 때 그들은 두려워했습니다.

하지만 이스라엘 백성들이 블레셋의 공격에 대처하는 방법은 과거와 달랐습니다. 이전에는 인간적인 생각으로 언약궤를 전쟁터로 가져와 하나님을 자신들의 도구로 이용하려 했다면 이번에는 사무엘에게 기도를 요청했습니다. 이스라엘 백성들이 회개를 통해 하나님과의 관계를 회복하게 되자 문제 해결의 열쇠가 오직 하나님께 있다는 사실을 깨닫게 된 것입니다.

삼상 7:9 사무엘이 젖 먹는 어린 양 하나를 가져다가 온전한 번제를 야훼께 드리고 이스라엘을 위하여 야훼께 부르짖으매 야훼

께서 응답하셨더라

사무엘은 젖 먹는 어린 양으로 하나님께 번제를 드렸습니다. 번제는 헌신의 제사입니다. 이스라엘은 젖 먹는 어린 양과 같이 아무것도 할 수 없는 존재입니다. 사무엘은 이스라엘의 연약함을 인정하고 하나님께 온전한 순종을 하겠다는 제사를 올려드린 것입니다. 한편 번제는 속죄의 제사입니다. 이스라엘은 지금까지 하나님 앞에 순종하지 않고 우상숭배의 죄를 지었습니다. 사무엘은 그 죄악을 회개하고 하나님께 용서를 구하고자 번제를 드린 것입니다. 이처럼 "온전한 번제"를 정성껏 올려드린 후 사무엘이 이스라엘을 위해 간절히 기도하자 하나님이 그 기도에 응답하셨습니다.

어린양이신 예수님도 우리를 위해 십자가에서 자신을 온전히 드리셨습니다. 온전한 번제로 드려진 예수님의 죽음으로 인해 우리가 하나님과 화해할 수 있게 되었습니다. 예수님의 희생이 당시에는 그저 힘없고 보잘것없는 한 유대인의 죽음으로 보였겠지만 십자가 사건은 사탄의 권세를 완전히 멸하고 인류를 죄의 저주로부터 구원하는 우주적인 사건이었습니다. 그 결과 우리는 하나님과의 관계를 회복할 수 있었고 하나님 자녀의 신분을 갖게 되었습니다. 그러므로 하나님과의 관계가 회복된 이스라엘이 하나께 부르짖어 응답받은 것처럼 우리 역시 문제와 위기 앞에서 하나님께 부르짖으면 응답받을 수 있습니다.

> 삼상 7:10-11　사무엘이 번제를 드릴 때에 블레셋 사람이 이스라엘과 싸우려고 가까이 오매 그 날에 야훼께서 블레셋 사람에게 큰 우레를 발하여 그들을 어지럽게 하시니 그들이 이스라엘 앞에 패한지라 이스라엘 사람들이 미스바에서 나가서 블레셋 사람들을 추격하여 벧갈 아래에 이르기까지 쳤더라

하나님의 응답은 즉각적이고 확실했습니다. 사무엘이 번제를 드리고 있을 때 블레셋 사람들이 가까이 왔습니다. 블레셋의 기습적인 공격에 이스라엘 군대는 아무런 대처도 하지 못했습니다. 그러나 하나님은 블레셋 군대에 큰 우레를 발하시며 직접 싸우셨습니다. 진군하던 블레셋 군대는 하늘과 땅을 흔드는 큰 천둥소리에 정신을 잃을 지경이었습니다. 그들은 큰 혼란에 빠졌고 이내 도망쳤습니다. 이스라엘은 단지 그들을 추격하여 잔당을 소탕하는 일만 하면 되었습니다.

전쟁 가운데 역사하신 하나님은 늘 우리의 상상을 초월하는 방법으로 싸우셨습니다. 여호수아가 이끄는 이스라엘 군대가 기브

온을 치러 오는 아모리 족속의 다섯 왕과 싸울 때 하나님은 큰 우박을 내려 적군을 죽이셨습니다(수 10:11). 심지어 이스라엘이 적의 잔당을 모두 물리칠 수 있도록 해와 달의 진행을 멈추셨습니다(수 10:13).

이스라엘이 홍해를 건널 때는 어떠했습니까? 하나님은 구름과 흑암으로 애굽 군대의 진행을 막으시고 동풍을 일으켜 홍해를 가르셨습니다. 이렇게 해서 이스라엘이 바다를 육지처럼 건너가게 하신 후 뒤따르던 애굽의 모든 군대를 그대로 수장시키셨습니다(출 14:15-28).

이처럼 하나님은 당신의 백성들을 위하여 친히 싸우십니다. 그러므로 우리는 고난과 문제가 다가올 때 블레셋을 물리친 이스라엘 백성처럼 우리의 능력을 의지하지 말고 하나님께 먼저 부르짖어야 합니다. 하나님이 도와주시면 어떠한 어려움과 환난이 다가와도 우리는 넉넉하게 이길 수 있기 때문입니다.

예전에 장로교 소속 교회의 한 집사님이 우리 교회 성경공부 프로그램이 좋다는 소문을 듣고 찾아온 적이 있었습니다. 집사님 남편은 육사 9기 출신으로 한일협정 때 모든 협정 문서를 준비한 일등공신이었으며 아르헨티나 대사, 일본 총영사 등을 지낸 분이었습니다. 그런데 남편이 외교안보연구원에 발령을 받아 잠시 귀국하면서 아내인 집사님도 함께 귀국하여 성경공부를 하게 된 것입니다.

집사님은 석 달 동안 신구약 성경 전체를 다루는 프로그램에 등록하여 매일 성경을 열 장 이상씩 읽고 숙제를 해야 하는 힘든 과정에서도 열심히 말씀을 배우고 은혜도 많이 받았습니다.

그런데 집사님이 하루는 저를 찾아와서 "남편이 발령 대기 중입니다. 남편을 위해 기도 부탁드립니다. 사람들은 선진국 대사로 발령받을 것이라며 부러워하고 있지만 저는 이 문제로 하나님께 기도하고 싶습니다."라고 말했습니다. 그래서 날을 정하고 함께 기도원에 올라가 간절히 세 시간 동안 기도를 했는데 기도 중에 집사님은 특별한 영적 체험을 했다며 제게 이렇게 말했습니다. "제가 기도하다가 주의 음성을 들었습니다. 주님이 제 이름을 부르시는데 그 소리가 어찌나 큰지 그 음성에 제 몸이 떠나갈 것 같아서 기도굴 벽을 잡고 버텼습니다."

그로부터 일주일이 지난 후 집사님이 다시 찾아와 이렇게 말했습니다. "하나님이 제게 그런 음성을 들려주신 이유가 있었습니다. 남편이 갑자기 사직 통보를 받았습니다. 그런데 너무너무 감사해요. 제가 기도굴에 들어가서 하나님의 음성을 듣지 않았더라면 매우 낙심했을 것입니다. 아마 하나님을 원망하고 신앙이 다 무너졌을 것입니다. 하지만 그 음성 덕분에 남편에게 사직 이야기를 들었을 때 '염려하지 말아요. 그냥 맘 편하게 사표 내고 우리

남은 인생을 행복하게 살아요.'라고 말할 수 있었습니다."

정권이 바뀌면서 이전 정권의 고위 각료들이 모두 해임되는 일이 벌어진 것입니다. 하지만 집사님 부부는 그 힘든 시간을 믿음으로 잘 이겨내고 온 가족이 미국으로 이민 가서 뉴욕에서 잘 지내고 있습니다. 하나님이 자녀들에게 복을 주셔서 딸은 하버드대를 나온 남자를 만나 결혼했고 아들은 변호사가 되었으며 집사님 부부도 행복한 여생을 보내고 있습니다. 하나님이 고난의 때에 우리를 기도하게 하시는 데에는 분명한 뜻이 있습니다. 따라서 하나님이 기도를 시키실 때는 기도하면서 주님의 은혜를 붙잡아야 합니다. 그러면 반드시 좋은 일들이 일어납니다.

3. 에벤에셀의 하나님 (삼상 7:12-17)

> 삼상 7:12 사무엘이 돌을 취하여 미스바와 센 사이에 세워 이르되 야훼께서 여기까지 우리를 도우셨다 하고 그 이름을 에벤에셀이라 하니라

전쟁이 끝난 뒤 사무엘은 돌을 취하여 승리를 기념하는 비석을 세웠습니다. 그리고 그 이름을 "야훼께서 여기까지 우리를 도우

셨다"라는 의미로 "에벤에셀"이라고 지었습니다.

　에벤에셀은 '도움의 돌'이란 뜻입니다. 그런데 미스바 근처에 있는 이 에벤에셀과 20여 년 전 블레셋에게 큰 패배를 당하고 법궤마저 탈취당했던 아벡 근처의 에벤에셀(삼상 4:1)은 지명은 같지만 다른 곳입니다. 서로 다른 에벤에셀에서 정반대의 결과를 얻었던 것입니다. 두 차례의 전쟁을 기억하며 이스라엘 백성은 중요한 영적 교훈을 얻었을 것입니다. 아벡 근처의 에벤에셀에서는 하나님 없이 블레셋과 전투를 치르다가 크게 패하고 법궤까지 빼앗겼지만, 미스바 근처의 에벤에셀에서는 회개하고 하나님의 도우심을 간구하여 엄청난 승리를 거두었습니다. 이스라엘은 이 에벤에셀 비석 앞에서 둘의 극명한 차이를 기억하고 더욱더 하나님을 의지할 것을 다짐했을 것입니다.

　우리의 삶에도 이 같은 승리의 기념비가 많이 세워져야 합니다. 성공의 순간마다 "내 힘과 내 노력으로 여기까지 왔다."가 아니라 "하나님이 여기까지 나를 도와주셨다."라고 고백하는 믿음의 표식을 해두어야 합니다. 그래서 인생의 어려움이 다가올 때마다 신앙의 에벤에셀을 돌아보며 하나님을 찾을 수 있어야 합니다.

삼상 7:13-14　이에 블레셋 사람들이 굴복하여 다시는 이스라엘 지역 안에 들어오지 못하였으며 야훼의 손이 사무엘이 사는 날 동안에 블레셋 사람을 막으시매 블레셋 사람들이 이스라엘에게서 빼앗았던 성읍이 에그론부터 가드까지 이스라엘에게 회복되니 이스라엘이 그 사방 지역을 블레셋 사람들의 손에서 도로 찾았고 또 이스라엘과 아모리 사람 사이에 평화가 있었더라

블레셋은 가나안 지역에서 매우 강력한 군사력을 갖춘 민족이었지만 하나님이 지키시는 이스라엘을 이길 수는 없었습니다. 이스라엘을 치려는 "블레셋 사람의 손"(삼상 7:3)을 "야훼의 손"이 막으셨기 때문입니다. 하나님의 음성을 듣고 그 음성에 순종했던 사무엘이 사는 날 동안에는 하나님의 손이 이스라엘의 강력한 보호막이 되어주셨습니다.

그 덕분에 이스라엘은 단순히 블레셋의 공격을 막고만 있었던 것이 아니라 오히려 블레셋을 공격하여 블레셋의 주요 다섯 성읍 중 두 곳인 에그론과 가드를 빼앗을 수 있었습니다. 또 아모리 족속과도 평화를 유지할 수 있었습니다. 다윗 시대 이전에 아모리 족속은 이스라엘이 상대하기 어려운 강한 민족이었지만 하나님이 함께하시자 둘 사이에 평화가 임하게 되었습니다.

결과적으로 이스라엘 백성들이 평화를 누린 비결은 군사력 증대에 있지 않았습니다. 그 비결은 하나님 앞에서 죄를 회개하고

하나님과의 관계를 회복한 데 있었습니다.

> 삼상 7:15-17   사무엘이 사는 날 동안에 이스라엘을 다스렸으되 해마다 벧엘과 길갈과 미스바로 순회하여 그 모든 곳에서 이스라엘을 다스렸고 라마로 돌아왔으니 이는 거기에 자기 집이 있음이니라 거기서도 이스라엘을 다스렸으며 또 거기에 야훼를 위하여 제단을 쌓았더라

사무엘은 오랜 기간 이스라엘을 다스렸습니다. 그런데 사무엘은 하나님께 온전히 순종하는 사람이었기에 실질적으로는 하나님이 이스라엘을 다스린 것이나 마찬가지였습니다. 하나님이 세

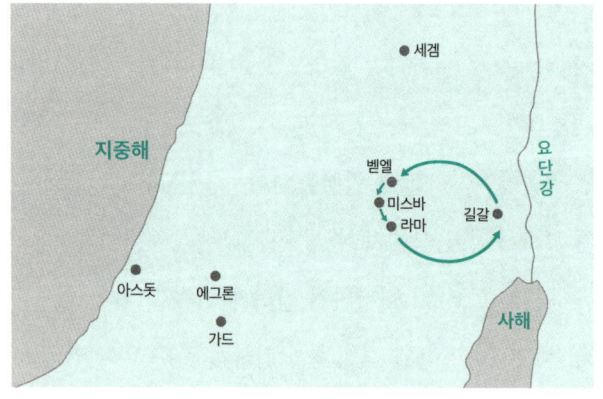

사무엘의 순회 여정

우신 이스라엘은 기본적으로 신정 국가였기에 하나님의 통치를 받을 때 평화를 누릴 수 있었습니다.

사무엘은 자신의 직분에도 최선을 다했습니다. 실로에서 자리를 지키고 있던 엘리와는 다르게 그는 벧엘과 길갈 그리고 미스바 등 이스라엘의 영적 중심지를 순회하며 이스라엘이 하나님의 뜻에 잘 순종할 수 있도록 이끌었습니다. 사무엘은 자신의 고향인 라마에서도 이스라엘을 다스렸는데 그곳에서는 특히 제단을 쌓아 하나님을 예배했습니다.

사무엘상 7장에서 우리는 사무엘을 통해 하나님이 친히 다스리시는 신정 통치가 이스라엘 가운데 이루어지고 있음을 보게 됩니다. 이는 이스라엘이 하나님을 간절히 찾고 죄를 회개하며 하나님과의 관계를 회복한 결과였습니다. 이처럼 우리가 섬기는 하나님은 회개와 순종으로 자신에게 나아오는 자들을 기뻐하시며 그들을 친히 보호하시고 승리와 평화를 주시는 좋으신 하나님이십니다.

요약

언약궤가 다시 이스라엘로 돌아온 지 이십 년이 지났을 때 모든 이스라엘 백성들은 그들이 섬기던 우상들을 제거하고 미스바에 모여 금식하며 회개했습니다. 블레셋은 이스라엘 사람들이 미스바에 모여있다는 소식을 듣고 군사를 동원하여 기습 공격을 했습니다. 그러나 사무엘이 이스라엘을 위해 부르짖었을 때 하나님은 큰 우레를 발하여 블레셋 사람들을 물리치셨습니다. 이스라엘 백성들은 전쟁이 끝난 후에 큰 돌, '에벤에셀'을 세워 하나님의 도우심을 기념했습니다. 그 이후 블레셋은 이스라엘을 침략하지 못했고, 이스라엘은 오히려 블레셋에 빼앗겼던 성읍인 에그론과 가드를 되찾았으며 항상 위협이 되었던 아모리 사람들과도 평화를 누렸습니다.

묵상

"나를 통제하기 힘든 감정으로 몰아넣는 것이 나의 우상일 수 있다. 그 감정을 뿌리째 뽑아보면 거기서 우상이 쑥 딸려 나온다."라는 말이 있습니다. 나를 가장 화나게 하는 일은 무엇입니까? 나를 가장 고통스럽게 하는 일은 무엇입니까? 나를 가장 두렵게 하거나 나를 가장 낙담시키는 일은 무엇입니까?

적용

내 삶에서 하나님보다 더 큰 자리를 차지하고 있는 우상들은 무엇인지 점검해보고 말씀과 기도를 통해 그것들을 하나씩 내려놓는 훈련을 합시다.

Thus far has the LORD helped us

9장
왕을 요구하는 이스라엘

삼상 8:1-22

09

왕을 요구하는 이스라엘

(삼상 8:1-22)

　이스라엘은 하나님만 섬기는 신앙을 회복했고 하나님은 이스라엘에 평강과 번영을 주셨습니다. 사무엘의 리더십 아래 하나님의 다스림을 받는 참된 신정 체제를 경험한 것입니다. 세월이 흘러 사무엘이 나이가 들어 백성을 다스리기가 힘들어지자 그의 아들들이 사사로 세워졌습니다. 하지만 이들은 사무엘과 달리 공정하게 다스리지 못했습니다. 그 결과 이스라엘의 장로들이 왕을 세워달라고 요구하면서 이스라엘은 새로운 국면에 처하게 됩니다.

1. 왕을 요구하는 이스라엘 (삼상 8:1-5)

하나님의 신실한 종 사무엘도 나이가 많아지자 이전처럼 활발하게 사역할 수는 없었습니다.

> 삼상 8:1-2 사무엘이 늙으매 그의 아들들을 이스라엘 사사로 삼으니 장자의 이름은 요엘이요 차자의 이름은 아비야라 그들이 브엘세바에서 사사가 되니라

노쇠해진 사무엘은 자신의 아들인 요엘과 아비야를 사사로 세워 자신의 사역을 돕도록 하였습니다.

> 삼상 8:3 그의 아들들이 자기 아버지의 행위를 따르지 아니하고 이익을 따라 뇌물을 받고 판결을 굽게 하니라

그러나 하나님 앞에 신실했던 사무엘과는 달리 그의 아들들은 사사 직분을 공의롭게 수행하지 못했습니다. 엘리의 아들들이 하나님께 바쳐진 제물을 맘대로 취하는 죄를 범했다면 사무엘의 아들들은 뇌물을 받고 불공정한 판결을 내리는 죄를 저질렀습니다. 장남 요엘의 이름 뜻은 '야훼는 하나님이시다.'이고 차남 아비야

의 이름 뜻은 '야훼는 나의 아버지이시다.'입니다. 그러나 그들은 이러한 이름에 담긴 뜻과는 전혀 다른 삶을 살았습니다.

> 삼상 8:4-5 이스라엘 모든 장로가 모여 라마에 있는 사무엘에게 나아가서 그에게 이르되 보소서 당신은 늙고 당신의 아들들은 당신의 행위를 따르지 아니하니 모든 나라와 같이 우리에게 왕을 세워 우리를 다스리게 하소서 한지라

사무엘의 아들들의 잘못된 행동은 이스라엘 백성들의 불만을 사게 되었습니다. 그러나 이스라엘의 장로들은 이 일에 대해 하나님께 묻지 않고 자신들의 생각대로 문제를 해결하려고 했습니다. 사무엘을 찾아가 왕을 세워달라고 요구한 것입니다.

이스라엘의 장로들은 문제가 발생했을 때 어떻게 해결해야 하는지 미스바의 회개를 통해 이미 경험했습니다. 어떤 문제라도 하나님께 부르짖으면 해결된다는 것을 직접 체험했습니다. 그런데도 그들은 이를 잊어버리고 이스라엘도 이방의 모든 나라처럼 왕을 세우면 문제가 해결되리라고 생각했습니다.

물론 왕이 나라를 다스리더라도 그 왕이 하나님 앞에 바르게 서있다면 문제가 되지 않습니다. 하나님은 이미 신명기에서 모세를 통해 왕에 대한 규례를 선포하신 바 있습니다(신 17:14-20). 그러

므로 왕정 체제 자체가 문제가 있는 것은 아니었습니다.

이스라엘 장로들의 문제점은 두 가지로 정리할 수 있습니다.

첫째, 그들은 하나님을 믿고 의지하지 않았습니다. 하나님이 아니라 강력한 왕이 문제를 해결해줄 것이라고 생각했습니다. 이는 그들의 마음에 하나님에 대한 불신이 있었음을 의미합니다.

둘째, 그들은 세상과 구별되어야 함에도 불구하고 세상의 방식을 따르고자 했습니다. 하나님은 이스라엘과 언약을 맺을 때 거룩함을 요구하셨습니다. 거룩하다는 것은 세상과 구별되는 것을 의미합니다. 이처럼 하나님은 이스라엘이 세상의 다른 나라들과 구별되기를 원하셨는데 이스라엘은 "모든 나라와 같이" 되기를 원했습니다. 하나님의 백성으로서 갖추어야 할 기본적인 정신을 망각한 것입니다.

하나님의 백성에게는 하나님 나라의 방법이 있고 그 방법대로 살아가면 하나님이 모든 것을 책임져주십니다. 그런데 이스라엘의 장로들은 이를 간과한 것이었습니다.

2. 하나님의 경고 (삼상 8:6-18)

이스라엘 장로들의 요구는 사무엘의 마음을 불편하게 했지만 사무엘은 자신의 감정대로 반응하지 않고 즉시 하나님께 기도드렸습니다.

> 삼상 8:6 우리에게 왕을 주어 우리를 다스리게 하라 했을 때에 사무엘이 그것을 기뻐하지 아니하여 야훼께 기도하매

"기도하매"에 사용된 히브리어는 '중보하다'라는 의미도 포함합니다. 왕을 원하는 이스라엘 백성들의 요구는 일차적으로는 사무엘과 그의 아들들에 대한 불만족을 뜻하기도 합니다. 그러나 사무엘은 배신감이나 분노를 표출하지 않고 오히려 이스라엘을 위해 중보했습니다.

> 삼상 8:7 야훼께서 사무엘에게 이르시되 백성이 네게 한 말을 다 들으라 이는 그들이 너를 버림이 아니요 나를 버려 자기들의 왕이 되지 못하게 함이니라

사무엘의 기도에 대한 하나님의 응답은 놀랍게도 장로들의 요구를 들어주라는 것이었습니다. 비록 하나님은 승낙하셨지만 그들의 요구는 하나님 앞에 악한 것이었습니다. "이는 그들이 너를 버림이 아니요 나를 버려"라는 말씀처럼 왕을 세워달라는 요구는

단순히 사사 사무엘의 통치를 거부한 것이 아니라 이스라엘의 왕이신 하나님의 통치를 거부한 것이기 때문입니다.

> 삼상 8:8 내가 그들을 애굽에서 인도하여 낸 날부터 오늘까지 그들이 모든 행사로 나를 버리고 다른 신들을 섬김 같이 네게도 그리하는도다

사무엘이 통치하는 동안 이스라엘은 오랫동안 평강을 누렸지만 그 평강을 주시는 하나님을 바라보지 못했습니다. 그런데 이스라엘이 하나님의 통치를 거부한 것은 이번이 처음이 아니었습니다. 그들은 애굽을 나올 때부터 끊임없이 하나님을 거역하고 우상을 숭배해왔습니다. 하나님은 이들이 왕을 요구한 것이 우상을 숭배하는 것과 같다고 보셨습니다.

> 삼상 8:9 그러므로 그들의 말을 듣되 너는 그들에게 엄히 경고하고 그들을 다스릴 왕의 제도를 가르치라

이스라엘 백성들은 왕정 체제의 겉모습만 생각하고 그 이면의 의미를 놓치고 있었습니다. 왕이 세워진다는 것은 모든 이스라엘 백성들이 그 왕의 지배를 받게 됨을 의미합니다. 하나님은 사무

엘에게 이 사실을 백성들에게 엄히 경고하라고 말씀하셨습니다.

> 삼상 8:10 사무엘이 왕을 요구하는 백성에게 야훼의 모든 말씀을 말하여

"요구하는"에 해당하는 히브리어는 '솨알'이라는 단어입니다. 그런데 하나님이 이스라엘에게 허락하신 초대 왕 '사울'의 이름 역시 이 단어에서 파생된 것으로 '요구하여 얻은 자', '간구하여 얻은 자'라는 뜻입니다. 즉, 하나님은 왕을 '요구하는' 이스라엘 백성에게 '요구하여 얻은 자' 사울을 왕으로 주신 것입니다.

하나님은 때때로 우리의 기도가 하나님의 뜻에 합당하지 않을 때도 허용하십니다. 그 이유는 우리의 생각이 하나님의 생각보다 나아서가 아닙니다. 이런 경우 부정적인 결과를 맞이해서 고난을 겪게 되는데, 하나님은 이 고난의 과정을 통해 우리가 교훈을 얻기를 바라십니다.

> 삼상 8:11-17 이르되 너희를 다스릴 왕의 제도는 이러하니라 그가 너희 아들들을 데려다가 그의 병거와 말을 어거하게 하리니 그들이 그 병거 앞에서 달릴 것이며 그가 또 너희의 아들들을 천부장과 오십부장을 삼을 것이며 자기 밭

> 을 갈게 하고 자기 추수를 하게 할 것이며 자기 무기와 병거의 장비도 만들게 할 것이며 그가 또 너희의 딸들을 데려다가 향료 만드는 자와 요리하는 자와 떡 굽는 자로 삼을 것이며 그가 또 너희의 밭과 포도원과 감람원에서 제일 좋은 것을 가져다가 자기의 신하들에게 줄 것이며 그가 또 너희의 곡식과 포도원 소산의 십일조를 거두어 자기의 관리와 신하에게 줄 것이며 그가 또 너희의 노비와 가장 아름다운 소년과 나귀들을 끌어다가 자기 일을 시킬 것이며 너희의 양 떼의 십분의 일을 거두어 가리니 너희가 그의 종이 될 것이라

사무엘이 설명하는 왕의 모습은 한마디로 '빼앗는 자'입니다. 왕은 이스라엘 백성들의 재물을 세금과 압수 등의 방법으로 빼앗을 것입니다. 이뿐만 아니라 그들의 자녀들도 빼앗아 왕의 밭에서 일하게 하고 왕을 위해 전쟁터에 나가 싸우게 하며 왕을 위해 무기를 만들고 요리를 하게 할 것입니다.

이러한 관계는 주인과 노예의 관계와 같습니다. 과거 이스라엘은 애굽의 노예였습니다. 그들은 애굽의 바로에게 끊임없이 착취를 당했습니다. 그러한 이스라엘에게 자유를 주신 분이 바로 하나님이셨습니다. 세상 왕의 통치는 '빼앗는 것'이지만 하나님의

통치는 '주시는 것'입니다. 하나님은 이스라엘에게 자유와 승리와 축복을 주셨습니다. 따라서 이스라엘은 자신의 것을 빼앗는 세상의 왕을 세울 것이 아니라 풍성한 축복을 부어주시는 하나님을 왕으로 모시고 살아가야 했습니다. 하지만 그들은 하나님의 통치를 거부했고 그 결과는 주어진 자유를 빼앗기고 다시 종의 신분으로 돌아가는 것이었습니다.

> 삼상 8:18 그 날에 너희는 너희가 택한 왕으로 말미암아 부르짖되 그 날에 야훼께서 너희에게 응답하지 아니하시리라 하니

사무엘은 이스라엘이 애굽에서 바로의 압제로 말미암아 부르짖었던 것처럼 자신들이 요구한 왕의 통치로 말미암아 부르짖게 될 것이라고 경고했습니다. 그리고 그들이 부르짖을 때 하나님이 듣지 않으실 것이라는 말도 덧붙였습니다. 이스라엘이 하나님의 왕 되심을 인정하지 않으니 하나님 역시 이스라엘의 부르짖음을 듣지 않으시겠다는 것입니다. 이것은 하나님과 이스라엘 사이의 근본적인 언약 관계가 깨어진 것을 의미합니다.

3. 경고를 무시하는 이스라엘(삼상 8:19-22)

사무엘의 경고에도 불구하고 이스라엘은 그의 말을 무시하였습니다. 자신들의 생각을 관철하기 위해 하나님과의 언약이 깨어지는 것도 개의치 않았습니다.

> 삼상 8:19 백성이 사무엘의 말 듣기를 거절하여 이르되 아니로소이다 우리도 우리 왕이 있어야 하리니

"우리도 왕이 있어야 하리니"라는 말은 지금까지 이스라엘을 다스리신 하나님의 통치를 부정하는 말입니다. 하나님의 축복 가운데 풍요와 평강을 누려왔으나 풍요와 평강을 주신 분이 하나님이라는 사실을 잊어버린 것입니다. 이처럼 풍요를 주신 분이 하나님이심을 알지 못한다면 그 풍요는 축복이 아니라 신앙을 잃게 만드는 저주가 될 수 있습니다.

> 삼상 8:20 우리도 다른 나라들 같이 되어 우리의 왕이 우리를 다스리며 우리 앞에 나가서 우리의 싸움을 싸워야 할 것이니이다 하는지라

이스라엘은 "다른 나라들 같이" 되고 싶어서 왕을 구했습니다. 이는 하나님이 본래 이스라엘 백성을 택하신 목적과 다릅니다. 하나님은 이스라엘을 세상 나라들과 구별하여 하나님의 백성으로 삼으시고 그들을 통해 이 세상 가운데 하나님의 통치를 실현하길 원하셨습니다. 그러나 하나님의 계획과는 달리 이스라엘은 세상과 동화되기를 자청한 것입니다.

이스라엘은 눈에 보이지 않는 하나님이 아니라 눈에 보이는 왕이 그들을 다스리고 전쟁에서 그들을 위해 싸워주기를 원했습니다. 안타까운 것은 이스라엘 백성이 하나님을 모르는 자들이 아니라 지속적인 하나님의 도우심과 구원하심을 경험한 자들이라는 사실입니다. 그럼에도 불구하고 그들은 하나님을 믿지 못했습니다.

우리의 인생도 마찬가지입니다. 이스라엘이 구한 왕이 그들의 해답이 되지 못하는 것처럼 우리가 구하는 물질이나 명예나 권력이나 지식이나 사람 등은 우리의 궁극적인 해답이 되지 못합니다. 이와 같은 것들은 우리를 위험에서 건져줄 능력이 없습니다. 오직 하나님만이 우리를 구원하실 수 있고 우리에게 영원한 승리를 주실 수 있습니다.

삼상 8:21-22 사무엘이 백성의 말을 다 듣고 야훼께 아뢰매 야훼께서

> 사무엘에게 이르시되 그들의 말을 들어 왕을 세우라 하시니 사무엘이 이스라엘 사람들에게 이르되 너희는 각기 성읍으로 돌아가라 하니라

백성의 말을 다 들은 사무엘은 다시 하나님께 기도드렸습니다. 사무엘은 이스라엘의 사사로서 지도자의 위치에 있었지만 자기 스스로 결정하지 않았습니다. 그는 모든 결정권이 하나님께 있음을 행동으로 보여주었습니다. 같은 이스라엘 백성이지만 하나님을 왕으로 섬기는 사무엘과 하나님 대신 왕을 요구하는 이스라엘 백성들의 모습은 너무나 대조적입니다.

사무엘의 기도에 하나님은 왕을 세우라는 응답을 주셨습니다. 이는 하나님이 이스라엘 백성들의 압박에 뒤로 물러서신 것이 아닙니다. 오히려 하나님은 이스라엘의 어리석은 선택조차도 하나님의 뜻을 이루시는 과정으로 사용하셨습니다. 하나님은 이미 왕을 예비하고 계셨습니다. 더 나아가 하나님의 마음에 맞는 왕 다윗의 핏줄을 통해서 장차 하나님의 통치를 이루실 만왕의 왕 예수님을 계획하고 계셨습니다.

이스라엘 백성들은 사무엘을 통해 하나님의 다스림을 받는 참된 신정 체제를 경험하며 평강을 누렸습니다. 그럼에도 불구하고 그들은 다른 나라들처럼 왕의 다스림을 받길 원했습니다. 당장

눈에 보이는 왕이 그들의 든든한 보호자가 될 것으로 기대했던 것입니다. 그러나 왕이 세워진다는 것은 그들이 왕의 종이 되는 것을 의미했습니다.

    이스라엘 백성들의 모습은 오늘날 우리에게도 반면교사가 됩니다. 우리의 왕은 누구입니까? 우리는 누구에게 종노릇을 하고 있습니까? 혹시라도 하나님 외에 내가 왕으로 삼고 있는 것이 있다면 빨리 내려놓고 그 자리에 하나님을 왕으로 모시고 영원히 하나님만 섬겨야 할 것입니다.

요약

사무엘이 나이가 들어 이전만큼 활동하기 힘들어지자 그의 아들들인 요엘과 아비야가 사사로 세워졌습니다. 그러나 요엘과 아비야는 사무엘과 달리 재판을 공정하게 하지 않았습니다. 이에 불만을 느낀 이스라엘의 장로들은 사무엘을 찾아와 이방의 다른 나라들과 같이 왕을 세워 자신들을 다스리게 해달라고 요구했습니다. 이는 그들의 지도자인 사무엘을 무시하는 것일 뿐 아니라 이스라엘의 왕이신 하나님을 무시하는 것이었습니다. 이때 하나님은 사무엘을 통해 왕이 세워질 때 겪게 될 문제들을 경고하셨습니다. 하지만 하나님의 경고에도 불구하고 이스라엘 백성들은 왕을 세워달라고 계속해서 요구했습니다. 결국 하나님은 사무엘에게 백성들의 요청대로 왕을 세우라고 명하셨습니다. 하나님의 응답을 받은 사무엘은 이스라엘 사람들을 각기 성읍으로 돌려보냈습니다.

묵상

하나님의 경고에도 불구하고 끝내 왕을 세워달라고 고집하는 이스라엘 백성들의 모습이 내게는 없는지 생각해봅시다.

적용

요즘 내가 왕으로 삼고 있는 것은 무엇입니까? 하나님의 뜻을 어기면서까지 내가 집착하고 있는 것은 무엇입니까? 성령께서 우리의 심령을 조명해주시기를 기도하며 자신을 점검해봅시다.

10장
사울을 찾으신 하나님

삼상 9:1-21

10

사울을 찾으신 하나님

(삼상 9:1-21)

    이스라엘 백성에게 왕정을 허락하신 하나님은 곧바로 사울을 이스라엘 역사의 무대에 등장시키십니다. 따라서 9장부터는 이스라엘의 초대 왕인 사울의 이야기가 시작되는데 사울은 다음과 같은 단계를 거쳐 이스라엘의 왕으로 즉위합니다. 첫 번째는 사무엘을 만나 기름부음을 받는 단계(삼상 9:1-10:16), 두 번째는 제비뽑기를 통해 왕으로 선출되는 단계(삼상 10:17-27), 세 번째는 암몬과의 전쟁에서 승리한 후 길갈에서 왕으로 인정받는 단계(삼상 11:1-15)입니다.

    9장 1절부터 21절까지의 내용은 사울이 사무엘을 처음 만나게 되는 과정을 소개하고 있습니다. 사울은 잃어버린 암나귀들을 찾기 위해 숩 땅까지 가는데 마침 그곳에 사무엘이 제사드리러 오면서 두 사람이 처음으로 만나게 됩니다. 그런데 우연처럼 보이는 이 모든 과정은 사울을 이스라엘의 왕으로 세우시려는 하나님의 계획 가운데 일어난 일이었습니다.

1. 나귀를 찾는 사울(삼상 9:1-4)

> 삼상 9:1 베냐민 지파에 기스라 이름하는 유력한 사람이 있으니 그는 아비엘의 아들이요 스롤의 손자요 베고랏의 증손이요 아비아의 현손이며 베냐민 사람이더라

베냐민 지파에 "기스"라는 유력한 사람이 있었는데 사울은 그의 아들이었습니다. "유력한"이라는 단어는 주로 용맹한 장수나 땅이 많은 부자를 가리킬 때 사용되는 단어로 '강력한 힘이 있는' 혹은 '재물이 많은'이라는 의미를 지니고 있습니다. 구약에서 이 단어는 사사 기드온(삿 6:12), 룻의 남편 보아스(룻 2:1), 북이스라엘의 첫 번째 왕 여로보암(왕상 11:28) 그리고 아람의 군대장관 나아만(왕하 5:1) 등에게 사용되었습니다.

베냐민 지파는 사사시대에 있었던 내전으로 인해 지파가 사라질 뻔한 위기를 겪었기 때문에 남쪽의 유다나 북쪽의 에브라임처럼 강성하지는 않았습니다. 하지만 지리적으로 유다와 에브라임 사이에 위치하여 전략적으로 중요한 역할을 감당하고 있었습니다.

> 삼상 9:2 기스에게 아들이 있으니 그의 이름은 사울이요 준수한 소년이라 이스라엘 자손 중에 그보다 더 준수한 자가 없고 키는 모든 백성보다 어깨 위만큼 더 컸더라

1절이 사울의 집안에 대한 소개였다면 2절은 사울의 외모에 대한 평가입니다. 기스의 아들인 사울은 아주 준수한 용모를 지니고 있었고 키도 다른 사람들보다 어깨 위만큼 클 정도로 장대한 청년이었습니다. 이처럼 사울의 집안 배경이나 용모는 왕이 되기에 부족함이 없었습니다. 특히 백성을 이끌고 전쟁에 나가 싸울 왕을 원한 이스라엘 장로들의 요청(삼상 8:20)에 적합했습니다.

사울에 대한 소개가 처음부터 그의 외적인 모습에 치중해있다는 것은 그가 철저하게 이스라엘 사람들이 원하는 조건에 맞추어진 왕임을 보여줍니다. 하지만 하나님께 중요한 것은 외적 조건이 아닙니다. 얼마나 하나님께 순종하고 얼마나 하나님을 사랑하며 얼마나 하나님을 의지하느냐와 같은 내적인 조건입니다.

> **삼상 9:3-4** 사울의 아버지 기스가 암나귀들을 잃고 그의 아들 사울에게 이르되 너는 일어나 한 사환을 데리고 가서 암나귀들을 찾으라 하매 그가 에브라임 산지와 살리사 땅으로 두루 다녀 보았으나 찾지 못하고 사알림 땅으로 두루 다녀 보았으나 그 곳에는 없었고 베냐민 사람의 땅으로 두루 다녀 보았으나 찾지 못하니라

사울은 아버지가 잃어버린 암나귀들을 찾기 위해 사환과 함께 길을 나섰습니다. 고대 근동에서 나귀는 왕이나 귀족들만이 타는 귀하고 값진 가축으로 부와 지도력의 상징이었습니다. 사울은 암나귀들을 찾아오라는 아버지의 명령에 순종하여 즉시 찾으러 나섰습니다. 또한 아버지의 명령을 완수하고자 에브라임 산지, 살리사 땅, 사알림 땅과 같은 산악 지대와 계곡 지대 그리고 황무지를 두루 다녔을 뿐만 아니라 베냐민 지파의 땅 전체를 수색했습니다. 이처럼 3절과 4절에 나타난 사울의 모습은 매우 순종적인 아들의 모습이었습니다.

하지만 이러한 노력에도 불구하고 사울은 나귀들을 찾지 못했습니다. 그의 모든 수고가 실패로 돌아간 것입니다. 그러나 이 난처한 상황조차도 사울을 사무엘에게 인도하기 위한 하나님의 섭리였습니다.

2. 사무엘을 찾는 사울(삼상 9:5-14)

숩 지역에 이르러서도 나귀를 못 찾은 사울은 집으로 돌아가려고 했습니다.

> 삼상 9:5 그들이 숩 땅에 이른 때에 사울이 함께 가던 사환에게 이르되 돌아가자 내 아버지께서 암나귀 생각은 고사하고 우리를 위하여 걱정하실까 두려워하노라 하니

시간이 지체되다 보니 사울은 아버지가 걱정할 것을 우려하여 돌아가려고 했습니다. 이때 그의 사환은 사무엘을 찾아가서 도움을 요청해보자고 권했습니다.

> 삼상 9:6 그가 대답하되 보소서 이 성읍에 하나님의 사람이 있는데 존경을 받는 사람이라 그가 말한 것은 반드시 다 응하나니 그리로 가사이다 그가 혹 우리가 갈 길을 가르쳐 줄까 하나이다 하는지라

숩 지역은 사무엘의 고향인 라마가 있는 곳이며 사환이 말한 "하나님의 사람"은 사무엘을 말합니다. 예언의 성취 여부는 참선

지자와 거짓 선지자를 구분하는 잣대입니다. 따라서 "그가 말한 것은 반드시 다 응하나니"라는 말씀은 사무엘의 예언이 다 이루어졌으며 사무엘이 이스라엘 백성들로부터 참선지자로 인정받고 있음을 말해줍니다.

> 삼상 9:7-9 사울이 그의 사환에게 이르되 우리가 가면 그 사람에게 무엇을 드리겠느냐 우리 주머니에 먹을 것이 다하였으니 하나님의 사람에게 드릴 예물이 없도다 무엇이 있느냐 하니 사환이 사울에게 다시 대답하여 이르되 보소서 내 손에 은 한 세겔의 사분의 일이 있으니 하나님의 사람에게 드려 우리 길을 가르쳐 달라 하겠나이다 하더라(옛적 이스라엘에 사람이 하나님께 가서 물으려 하면 말하기를 선견자에게로 가자 하였으니 지금 선지자라 하는 자를 옛적에는 선견자라 일컬었더라)

선지자 사무엘에게 드릴 예물이 없어 고민하는 사울에게 사환은 자신에게 은 한 세겔의 사분의 일이 있으니 사무엘을 찾아가자고 말했습니다.

사무엘을 가리키는 용어인 "선견자"의 히브리어 '로에'는 특정 사실을 보고 분별하는 자라는 뜻이고 "선지자"의 히브리어 '나비'

는 하나님의 대변자라는 뜻입니다. 두 용어는 미묘한 차이가 있을 뿐 기본적으로 같은 성격을 가지고 있는 단어입니다.

> 삼상 9:10 사울이 그의 사환에게 이르되 네 말이 옳다 가자 하고 그들이 하나님의 사람이 있는 성읍으로 가니라

사환의 말을 받아들인 사울은 하나님의 사람을 찾아 성읍으로 올라갔습니다. 이처럼 왕이 되기 전의 사울은 사환의 말에도 귀를 기울일 정도로 겸손했습니다. 사울이 겸손하지 않았다면 사무엘을 만나지 못했을 것입니다.

> 삼상 9:11-13 그들이 성읍을 향한 비탈길로 올라가다가 물 길으러 나오는 소녀들을 만나 그들에게 묻되 선견자가 여기 있느냐 하니 그들이 대답하여 이르되 있나이다 보소서 그가 당신보다 앞서 갔으니 빨리 가소서 백성이 오늘 산당에서 제사를 드리므로 그가 오늘 성읍에 들어오셨나이다 당신들이 성읍으로 들어가면 그가 먹으러 산당에 올라가기 전에 곧 만나리이다 그가 오기 전에는 백성이 먹지 아니하나니 이는 그가 제물을 축사한 후에야 청함을 받은 자가 먹음이니이다 그러므로 지금 올라가소서 곧

그를 만나리이다 하는지라

사울이 사무엘을 찾으러 가는 길은 쉬운 길이 아니었습니다. 이미 3일 이상 나귀를 찾느라 헤맨 사울 일행은 또다시 비탈길을 힘겹게 올라가야 했습니다. 또한 사무엘은 이곳저곳을 다니며 사역하는 순회 사역자였기 때문에(삼상 7:15-17) 사무엘이 사는 라마로 찾아간다고 해도 그를 만날 수 있다는 보장이 없었습니다.

그러나 하나님의 인도하심은 정확했습니다. 사울 일행이 라마에 왔을 때 사무엘 역시 막 순회 사역을 마치고 하나님께 제사드리기 위해 라마로 돌아왔습니다. 또한 사울 일행은 길에서 만난 물 길으러 나온 소녀들을 통해 사무엘이 조금 전에 지나갔으며 서둘러 가면 만날 수 있을 것이라는 이야기를 들었습니다.

한편 사무엘이 살던 당시에는 아직 성전이 없었기에 사람들은 산당에서 제사를 드렸습니다. 본래 산당은 우상숭배를 위한 장소라기보다는 예배나 제사를 위해 모이는 장소였습니다. 문제는 산당 자체가 아니라 하나님께 예배드리지 않고 우상에 절하는 사람들의 마음이었습니다.

오늘날도 마찬가지입니다. 하나님을 사모하고 섬기는 마음으로 교회에 나오는 것이 아니라 돈이나 명예를 바라고 교회에 나온다면 교회는 돈과 명예를 섬기는 우상숭배의 장소가 되고 말 것입니다. 중요한 것은 장소가 아니라 영과 진리로 하나님을 예배하는 마음입니다.

> 삼상 9:14 그들이 성읍으로 올라가서 그리로 들어갈 때에 사무엘이 마침 산당으로 올라가려고 마주 나오더라

사울 일행이 성읍에 들어갈 때 마침 사무엘이 산당에 올라가려고 나오는 길이었습니다. 이는 사울을 택하여 이스라엘의 왕으로 세우시려는 하나님의 섭리 가운데 일어난 일입니다. 결과적으로 사울의 아버지 기스가 암나귀들을 잃어버린 것도, 사울이 나귀를 찾지 못하고 헤맨 것도, 그가 나귀의 행방을 알기 위해 사무엘을 찾아간 것도 모두 하나님의 섭리 가운데 일어난 일들이었던 것입니다.

이처럼 모든 것은 하나님의 섭리 가운데 이루어집니다. 그러므로 우리는 무슨 일을 하든지 하나님의 뜻을 먼저 구하고 그 뜻에 순종하는 것이 중요합니다. 그렇게 할 때 모든 것이 합력하여 선을 이루는 은혜(롬 8:28)를 체험하게 될 것입니다.

3. 사울을 찾으신 하나님(삼상 9:15-21)

하나님은 전날에 미리 사무엘에게 사울이 찾아올 것을 알려주셨습니다.

> 삼상 9:15-16 사울이 오기 전날에 야훼께서 사무엘에게 알게 하여 이르시되 내일 이맘 때에 내가 베냐민 땅에서 한 사람을 네게로 보내리니 너는 그에게 기름을 부어 내 백성 이스라엘의 지도자로 삼으라 그가 내 백성을 블레셋 사람들의 손에서 구원하리라 내 백성의 부르짖음이 내게 상달되었으므로 내가 그들을 돌보았노라 하셨더니

사울만 사무엘을 찾은 것이 아니었습니다. 사무엘 역시 하나님의 음성을 듣고 사울을 기다리고 있었습니다. 백성들의 부르짖음을 들으신 하나님은 이스라엘을 블레셋에게서 구원하시기 위해 사울을 사무엘에게 보내어 기름부음을 받게 하신 것이었습니다.

> 삼상 9:17 사무엘이 사울을 볼 때에 야훼께서 그에게 이르시되 보라 이는 내가 네게 말한 사람이니 이가 내 백성을 다스리라 하시니라

사울이 들어올 때 하나님은 사무엘에게 "이는 내가 네게 말한 사람이니"라고 말씀하셨습니다. 사무엘의 눈앞에 서있는 청년이 전날에 말씀하신 "내 백성 이스라엘의 지도자"(삼상 9:16)라는 것입니다. 이 순간 사울의 신분이 변화되었습니다. 하나님의 말씀이 임하시는 순간 일개 무명의 청년에서 왕으로 그의 신분이 변화된 것입니다. 이처럼 우리의 인생도 하나님의 말씀이 임하시면 바뀝니다. 어둠의 자녀에서 빛의 자녀로, 절대 절망의 인생에서 절대 희망의 인생으로 변화됩니다.

> 삼상 9:18 사울이 성문 안 사무엘에게 나아가 이르되 선견자의 집이 어디인지 청하건대 내게 가르치소서 하니

사울은 하나님의 사람인 사무엘을 알아보지 못하고 사무엘에게 선견자의 집 위치를 알려달라고 부탁했습니다. 하나님은 사울을 왕으로 세운다는 놀라운 계획을 가지고 계셨지만 사울의 관심사는 여전히 아버지의 잃어버린 암나귀들을 찾는 일이었습니다.

> 삼상 9:19-20 사무엘이 사울에게 대답하여 이르되 내가 선견자이니라 너는 내 앞서 산당으로 올라가라 너희가 오늘 나와 함께 먹을 것이요 아침에는 내가 너를 보내되 네 마음에 있는

> 것을 다 네게 말하리라 사흘 전에 잃은 네 암나귀들을 염려하지 말라 찾았느니라 온 이스라엘이 사모하는 자가 누구냐 너와 네 아버지의 온 집이 아니냐 하는지라

사무엘은 암나귀들은 이미 찾았으니 염려하지 말라고 사울에게 답했습니다. 사실 사울이 이스라엘의 왕이 되는 것에 비하면 암나귀들을 찾는 일은 너무나 작고 사소한 문제입니다. 사울처럼 우리는 작고 사소한 것으로 하나님을 찾습니다. 그러나 하나님은 우리를 위해 더 크고 놀라운 것을 준비해놓고 계십니다. 따라서 건강, 물질, 취업, 결혼 등 눈앞의 문제로만 하나님을 찾지 말고 우리를 향한 하나님의 계획이 무엇인지 여쭤보아야 합니다. 어쩌면 하나님은 왕과 같은 사명의 자리로 우리를 부르시는데 우리는 여전히 '잃어버린 암나귀들'만 찾고 있는지도 모릅니다.

> 삼상 9:21 사울이 대답하여 이르되 나는 이스라엘 지파의 가장 작은 지파 베냐민 사람이 아니니이까 또 나의 가족은 베냐민 지파 모든 가족 중에 가장 미약하지 아니하니이까 당신이 어찌하여 내게 이같이 말씀하시나이까 하니

사무엘의 말을 들은 사울은 자신을 겸손하게 낮췄습니다. 평

범한 청년으로 살다가 갑자기 왕이 될 것이라는 선지자의 말에 두려움과 부담감도 느꼈을 것입니다.

왕이 되기 전 사울은 겸손한 사람이었습니다. 사울의 결말을 알고 있는 우리는 그가 이 겸손의 마음을 오래 간직했다면 좋았을 텐데 하는 안타까움이 있습니다. 하나님이 직분을 맡기실 때 우리는 겸손해야 하며 그 직분을 감당하는 과정에서도 겸손해야 합니다. 우리는 하나님께 용서받은 첫 감격, 첫사랑을 잊지 말고 겸손한 신앙인이 되어 한평생 주님을 섬기는 삶을 살아야 합니다.

요약

이스라엘 백성에게 왕정을 허락하신 하나님은 곧바로 사울을 이스라엘 역사의 무대에 등장시키셨습니다. 사울은 베냐민 지파의 유력한 사람인 기스의 아들로 키가 크고 외모가 준수한 자였습니다. 사울은 아버지가 잃어버린 암나귀들을 찾다가 실패하자 나귀들의 행방을 알아보기 위해 라마로 사무엘을 찾아갔습니다. 그때 마침 이스라엘 전역을 순회하던 사무엘이 라마에 돌아와있었고 사울을 만나기 전날 하나님은 미리 사무엘에게 이스라엘의 왕이 될 사람을 만날 것이라고 말씀해 주셨습니다. 이러한 하나님의 섭리 가운데 두 사람은 만났고 사무엘은 사울에게 암나귀들을 이미 찾았으니 염려하지 말라고 하면서 그를 이스라엘의 왕으로 세우고자 하시는 하나님의 뜻을 전했습니다. 사무엘의 말에 사울은 겸손하게 자신을 낮추었습니다.

묵상

요즈음 무엇을 위해 기도하고 있습니까? 혹시 눈앞의 문제들을 해결 받는 일에만 전전긍긍하고 있지는 않습니까? 사울은 나귀들을 찾는 일에 몰두하고 있었지만, 하나님은 그를 위한 더 큰 그림, 즉 그를 왕으로 세워 이스라엘을 구원하시려는 그림을 그리고 계셨습니다. 눈앞의 일보다는 시선을 돌려 나를 향한 하나님의 큰 그림이 무엇인지, 나를 향한 하나님의 크고 놀라운 계획이 무엇인지에 주의를 기울여봅시다.

적용

나를 향한 하나님의 크고 놀라우신 계획을 알기 위해 말씀과 기도에 힘쓰고, 일상에서 일어나는 크고 작은 일들을 통해 내게 말씀하시는 하나님의 음성에 귀를 기울입시다.

Thus far has the LORD helped us

11장

왕으로 추대된 사울

삼상 9:22-10:27

11

왕으로 추대된 사울

(삼상 9:22-10:27)

왕을 세워달라는 이스라엘 백성들의 요구에 하나님은 사울을 예비하셨습니다. 본문은 하나님의 주관하심 아래 사울이 사무엘에 의해 기름부음을 받고 왕으로 추대되는 과정을 소개하고 있습니다.

1. 왕으로서 대접을 받은 사울 (삼상 9:22-27)

삼상 9:22 사무엘이 사울과 그의 사환을 인도하여 객실로 들어가서

청한 자 중 상석에 앉게 하였는데 객은 삼십 명 가량이었더라

사무엘은 사울을 손님들이 모인 객실로 데리고 가서 상석에 앉혔습니다. 이스라엘의 사사였던 사무엘이 초대한 손님들은 대부분 이스라엘의 지도자들이었을 것입니다. 그런데 그는 이러한 손님들보다 무명의 청년인 사울을 더 예우하여 상석에 앉힌 것입니다.

사울은 사무엘을 찾아 '높은 곳'이란 뜻을 가진 라마로 왔습니다. 그리고 사무엘에게 이끌려 라마에서도 높은 곳에 위치한 산당까지 오게 되었고 산당의 객실 안에서도 높은 자리인 상석에 앉게 되었습니다. 사울이 아직 왕으로 공인되기 전이었지만 그를 왕으로 선택하신 하나님은 사무엘을 통해 많은 사람 앞에서 그를 높여주시고 극진한 대접을 받게 하셨습니다.

삼상 9:23-24 사무엘이 요리인에게 이르되 내가 네게 주며 네게 두라고 말한 그 부분을 가져오라 요리인이 넓적다리와 그것에 붙은 것을 가져다가 사울 앞에 놓는지라 사무엘이 이르되 보라 이는 두었던 것이니 네 앞에 놓고 먹으라 내가 백성을 청할 때부터 너를 위하여 이것을 두고 이

때를 기다리게 하였느니라 그 날에 사울이 사무엘과 함께 먹으니라

본래 제물의 넓적다리는 제사장과 그의 가족들만이 먹을 수 있는 특별한 부위입니다(레 10:15). 그런데 사무엘은 사울을 위해 미리 요리사에게 제물의 넓적다리를 준비하도록 지시했습니다. 그는 연회 초청과 자리 배치뿐만 아니라 귀한 음식을 대접함으로써 장차 이스라엘의 왕이 될 사울을 극진히 예우한 것입니다.

그런데 사울을 극진히 예우하는 것은 사무엘에게 결코 쉬운 일이 아니었을 것입니다. 그때까지 이스라엘의 최고 지도자는 사무엘이었습니다. 그런데 이제는 그가 사울을 이스라엘의 왕으로 세워야 하는 입장이 되었기 때문입니다. 이처럼 자신이 갖고 있던 권력과 지위를 넘겨야 하는 상황에서도 사무엘은 하나님의 말씀에 순종했습니다. 그는 높은 지위 또한 하나님이 허락하신 것이며 하나님이 거기에서 내려오라고 지시하시면 절대적으로 순종해야 함을 알았습니다. 이러한 사무엘의 태도는 우리에게 좋은 본보기가 됩니다.

삼상 9:25 그들이 산당에서 내려 성읍에 들어가서는 사무엘이 사울과 함께 지붕에서 담화하고

사무엘과 사울은 식사를 마친 뒤 성읍의 한 집에 있는 지붕으로 올라가서 이야기를 나누었습니다. 사무엘은 장차 이스라엘의 왕이 될 사울에게 왕으로서 필요한 가르침을 주었을 것입니다. 아마도 그 가르침은 모세가 하나님께 받은 율법에 기초한 것으로 추측됩니다.

> 신 17:16-17 그는 병마를 많이 두지 말 것이요 병마를 많이 얻으려고 그 백성을 애굽으로 돌아가게 하지 말 것이니 이는 야훼께서 너희에게 이르시기를 너희가 이 후에는 그 길로 다시 돌아가지 말 것이라 하셨음이며 그에게 아내를 많이 두어 그의 마음이 미혹되게 하지 말 것이며 자기를 위하여 은금을 많이 쌓지 말 것이니라

세상의 왕들은 군대를 많이 두어 국력을 강화하고 아내를 많이 두어 자손을 늘리고 부를 축적해 왕실 재정을 넉넉하게 하려고 애를 씁니다. 그러나 하나님이 생각하시는 이스라엘의 왕의 모습은 이와 달랐습니다. 하나님은 이스라엘의 왕이 병력이나 인맥이나 물질을 의지하지 않고 오직 하나님만 의지하기를 원하셨습니다. 왜냐하면 이스라엘의 왕좌는 권력을 누리고 다른 사람 위에 군림하는 자리가 아니라 하나님의 뜻을 따라 하나님의 백성을 섬기는

자리이기 때문입니다. 그래서 왕에게 제일 중요한 것은 하나님과의 관계입니다.

하나님은 왕이 지켜야 할 규례에 대해 다음과 같이 말씀하셨습니다.

> 신 17:18-20 그가 왕위에 오르거든 이 율법서의 등사본을 레위 사람 제사장 앞에서 책에 기록하여 평생에 자기 옆에 두고 읽어 그의 하나님 야훼 경외하기를 배우며 이 율법의 모든 말과 이 규례를 지켜 행할 것이라 그리하면 그의 마음이 그의 형제 위에 교만하지 아니하고 이 명령에서 떠나 좌로나 우로나 치우치지 아니하리니 이스라엘 중에서 그와 그의 자손이 왕위에 있는 날이 장구하리라

이스라엘의 왕은 누구보다도 하나님의 말씀을 사모하고 하나님의 말씀에 순종하여 백성에게 신앙의 본이 되어야 합니다. 그러므로 하나님은 이스라엘 왕에게서 지도력이나 용기나 지혜보다는 얼마나 하나님의 말씀에 순종하는지를 더 중요하게 보셨습니다.

교회의 지도자들도 이러한 모습을 가져야 합니다. 교회의 리더는 교회에서 가장 많이 누리는 사람이 아니라 누구보다도 더 하나님을 사랑하고 하나님의 말씀을 사모하며 그 말씀에 순종하는

사람이어야 합니다.

> 삼상 9:26-27 그들이 일찍이 일어날새 동틀 때쯤이라 사무엘이 지붕에서 사울을 불러 이르되 일어나라 내가 너를 보내리라 하매 사울이 일어나고 그 두 사람 사울과 사무엘이 함께 밖으로 나가서 성읍 끝에 이르매 사무엘이 사울에게 이르되 사환에게 우리를 앞서게 하라 하니라 사환이 앞서가므로 또 이르되 너는 이제 잠깐 서 있으라 내가 하나님의 말씀을 네게 들려 주리라 하더라

다음날 사무엘은 사울을 배웅하기 위해 밖으로 나갔습니다. 그런데 성읍을 벗어날 때쯤 사무엘은 사환을 먼저 보내고 사울에게만 은밀히 하나님의 말씀을 전했습니다. 이는 하나님의 일이 혹시라도 사람에 의해 방해받을 가능성을 차단하려는 신중한 조치였습니다.

2. 기름부음을 받은 사울 (삼상 10:1-16)

> 삼상 10:1 이에 사무엘이 기름병을 가져다가 사울의 머리에 붓고 입

> 맞추며 이르되 야훼께서 네게 기름을 부으사 그의 기업의 지도자로 삼지 아니하셨느냐

드디어 사울이 기름부음을 받았습니다. 기름부음을 받는 것은 하나님에게서 능력이나 지위를 위임받는 것을 의미합니다. 구약시대에는 제사장과 선지자 그리고 왕만이 기름부음을 받았습니다.

사무엘은 사울에게 기름을 부은 후 그를 왕으로 세우시려는 하나님의 뜻을 확증할 세 가지 징표와 함께 한 가지 지침을 알려주었습니다.

> 삼상 10:2 네가 오늘 나를 떠나가다가 베냐민 경계 셀사에 있는 라헬의 묘실 곁에서 두 사람을 만나리니 그들이 네게 이르기를 네가 찾으러 갔던 암나귀들을 찾은지라 네 아버지가 암나귀들의 염려는 놓았으나 너희로 말미암아 걱정하여 이르되 내 아들을 위하여 어찌하리요 하더라 할 것이요

하나님의 뜻을 확증하는 세 가지 징표 중 첫 번째는 사울이 돌아가는 길에 라헬의 묘실 곁에서 두 사람을 만나 그들을 통해 암나귀를 찾았다는 소식을 듣게 된다는 것이었습니다. 베냐민 지파

의 후손인 사울이 그의 선조 베냐민을 낳다가 죽은 라헬의 묘실 곁에서 나귀를 찾았다는 소식을 듣게 된다면 자신이 왕으로 선택받았다는 사실을 확인할 수 있는 징표가 될 것입니다.

> 삼상 10:3-4　네가 거기서 더 나아가서 다볼 상수리나무에 이르면 거기서 하나님을 뵈오려고 벧엘로 올라가는 세 사람을 만나리니 한 사람은 염소 새끼 셋을 이끌었고 한 사람은 떡 세 덩이를 가졌고 한 사람은 포도주 한 가죽부대를 가진 자라 그들이 네게 문안하고 떡 두 덩이를 주겠고 너는 그의 손에서 받으리라

두 번째 징표는 사울이 다볼 상수리나무에서 벧엘로 가는 세 사람을 만나 떡 두 덩이를 받게 된다는 것이었습니다. 다볼은 사사 드보라와 바락이 시스라와 그의 군대를 크게 이긴 다볼산이 있는 곳이었습니다(삿 4:6-14). 이는 사울이 앞으로 이스라엘의 보호자로서 해야 하는 일을 보여주는 징표라고 할 수 있습니다.

> 삼상 10:5-6　그 후에 네가 하나님의 산에 이르리니 그 곳에는 블레셋 사람들의 영문이 있느니라 네가 그리로 가서 그 성읍으로 들어갈 때에 선지자의 무리가 산당에서부터 비파와

> 소고와 저와 수금을 앞세우고 예언하며 내려오는 것을 만날 것이요 네게는 야훼의 영이 크게 임하리니 너도 그들과 함께 예언을 하고 변하여 새 사람이 되리라

마지막 세 번째 징표는 사울이 하나님의 산에 이를 때 선지자 무리를 만나게 될 텐데 그때 사울에게 성령이 임하여 예언을 하게 하고 그를 새사람으로 변화시킨다는 것이었습니다.

> 삼상 10:7-8 이 징조가 네게 임하거든 너는 기회를 따라 행하라 하나님이 너와 함께 하시느니라 너는 나보다 앞서 길갈로 내려가라 내가 네게로 내려가서 번제와 화목제를 드리리니 내가 네게 가서 네가 행할 것을 가르칠 때까지 칠 일 동안 기다리라

이 모든 징조는 사울을 왕으로 세우시는 분이 하나님이시며 하나님이 그와 함께하신다는 의미입니다. 하나님은 스스로 미약하다고 생각하는 사울이 확신을 가질 수 있도록 표징을 보여주려고 하신 것입니다. 마지막으로 사무엘은 사울에게 길갈로 먼저 내려가서 7일 동안 자신을 기다리라는 지침을 주는데, 이는 왕에게 가장 필요한 덕목은 기다림과 순종임을 암시합니다.

> 삼상 10:9 그가 사무엘에게서 떠나려고 몸을 돌이킬 때에 하나님이 새 마음을 주셨고 그 날 그 징조도 다 응하니라

하나님이 사울에게 새 마음을 주셨습니다. 그리고 사무엘이 말했던 세 가지 징조도 다 이루어졌습니다. 이제 사울은 잃어버린 나귀를 걱정하는 자가 아니라 새 마음을 품은 이스라엘의 왕이 된 것입니다.

이처럼 우리 역시 새 마음을 받아야 합니다. "내가 그들에게 한 마음을 주고 그 속에 새 영을 주며 그 몸에서 돌 같은 마음을 제거하고 살처럼 부드러운 마음을 주어 내 율례를 따르며 내 규례를 지켜 행하게 하리니 그들은 내 백성이 되고 나는 그들의 하나님이 되리라"(겔 11:19-20)라는 말씀처럼 하나님이 우리에게 새 마음을 주시면 우리는 새로운 사람이 됩니다. 절망하고 미워하고 불평하던 사람도 하나님을 만나면 새 마음을 품어 꿈을 꾸며 항상 감사하는 새사람으로 바뀌게 되는 것입니다.

> 삼상 10:10-13 그들이 산에 이를 때에 선지자의 무리가 그를 영접하고 하나님의 영이 사울에게 크게 임하므로 그가 그들 중에서 예언을 하니 전에 사울을 알던 모든 사람들이 사울이 선지자들과 함께 예언함을 보고 서로 이르되

> 기스의 아들에게 무슨 일이 일어났느냐 사울도 선지자들 중에 있느냐 하고 그 곳의 어떤 사람은 말하여 이르되 그들의 아버지가 누구냐 한지라 그러므로 속담이 되어 이르되 사울도 선지자들 중에 있느냐 하더라 사울이 예언하기를 마치고 산당으로 가니라

마지막 징조인 성령이 사울에게 임하자 사울이 선지자들과 함께 예언하기 시작했습니다. 사울을 잘 알고 있던 사람들은 사울이 예언하는 모습을 보고 기이하게 생각했습니다. 이 사건은 이스라엘의 유명한 일화가 되어 "사울도 선지자들 중에 있느냐?"라는 속담으로 전해지게 되었습니다.

이와 같이 세 가지 징조가 다 이루어진 것을 보면서 사울은 사무엘의 말이 참된 것이었음을 확인할 수 있었을 것입니다. 더 나아가 자신에게 기름을 부으신 이가 궁극적으로는 하나님이시라는 것도 확신할 수 있었을 것입니다.

> 삼상 10:14-16 사울의 숙부가 사울과 그의 사환에게 이르되 너희가 어디로 갔더냐 사울이 이르되 암나귀들을 찾다가 찾지 못하므로 사무엘에게 갔었나이다 하니 사울의 숙부가 이르되 청하노니 사무엘이 너희에게 이른 말을 내게

> 말하라 하니라 사울이 그의 숙부에게 말하되 그가 암
> 나귀들을 찾았다고 우리에게 분명히 말하더이다 하고
> 사무엘이 말하던 나라의 일은 말하지 아니하니라

사울의 숙부가 어디 갔다 오냐고 묻자 사울은 암나귀들의 행방을 사무엘에게 묻고 오는 길이라고 답했습니다. 사무엘을 만나고 왔다는 말에 숙부는 자세한 이야기를 물었습니다. 그러나 사울은 "나라의 일", 즉 자신이 왕으로 기름부음을 받았다는 말은 하지 않고 암나귀에 대한 말만 했습니다. 그는 공식적으로 왕위에 오르기 전까지 침묵했습니다. 9장 27절에서 사무엘이 사환을 먼저 보낸 후 사울과 은밀히 얘기를 나눈 것처럼 사울 역시 신중한 태도를 보이고 있는 것입니다.

3. 왕으로 추대된 사울(삼상 10:17-27)

> 삼상 10:17-19 사무엘이 백성을 미스바로 불러 야훼 앞에 모으고 이
> 스라엘 자손에게 이르되 이스라엘 하나님 야훼께서 이
> 같이 말씀하시기를 내가 이스라엘을 애굽에서 인도하
> 여 내고 너희를 애굽인의 손과 너희를 압제하는 모든

나라의 손에서 건져내었느니라 하셨거늘 너희는 너희를 모든 재난과 고통 중에서 친히 구원하여 내신 너희의 하나님을 오늘 버리고 이르기를 우리 위에 왕을 세우라 하는도다 그런즉 이제 너희의 지파대로 천 명씩 야훼 앞에 나아오라 하고

사무엘은 이스라엘의 왕을 세우기 위해 백성들을 미스바로 모았습니다. 이전에 이스라엘이 이곳에 모여 구원의 하나님을 기억하고 죄를 회개했을 때 하나님은 침공해오던 블레셋을 물리쳐 주셨습니다. 이처럼 미스바는 이스라엘이 하나님께 은혜를 입은 장소였습니다. 사무엘은 하나님의 은혜를 잊어버리고 하나님 대신 왕을 요구한 이스라엘 백성에게 하나님의 은혜를 다시 상기시켜 주기 위해 이들을 미스바로 불러 모은 것입니다. 그래서 사무엘은 왕을 뽑기 전에 하나님이 이스라엘을 애굽에서 어떻게 인도해 내셨는지 그리고 압제하는 모든 나라로부터 어떻게 지켜주셨는지에 대해 말했습니다.

은혜를 망각하는 것은 이스라엘 백성들만의 문제가 아닙니다. 우리 또한 쉽게 하나님의 은혜를 잊어버리며 살고 있습니다. 우리는 구원의 은혜, 치료의 은혜 등 하나님 안에서 많은 것들을 받았습니다. 그러나 이스라엘 백성들이 은혜를 망각하고 왕을 요구

했던 것처럼 우리도 하나님 대신 돈, 정욕, 지식, 권력이라는 왕을 세워두고 하나님을 형식적으로만 섬기는 모습을 보일 때가 있습니다. 우리는 이 같은 형식적인 신앙을 철저히 회개해야 합니다.

> 삼상 10:20-21 사무엘이 이에 이스라엘 모든 지파를 가까이 오게 하였더니 베냐민 지파가 뽑혔고 베냐민 지파를 그들의 가족별로 가까이 오게 하였더니 마드리의 가족이 뽑혔고 그 중에서 기스의 아들 사울이 뽑혔으나 그를 찾아도 찾지 못한지라

하나님은 이미 사울을 왕으로 지명하시고 사무엘을 통해 기름 부음을 받게 하셨지만 다시 제비뽑기라는 공식 절차를 통해 그를 이스라엘 백성 앞에 소개하셨습니다. 그런데 사울이 보이지 않아 사람들이 그를 찾아다니는 상황이 벌어졌습니다.

> 삼상 10:22-24 그러므로 그들이 또 야훼께 묻되 그 사람이 여기 왔나이까 야훼께서 대답하시되 그가 짐보따리들 사이에 숨었느니라 하셨더라 그들이 달려 가서 거기서 그를 데려오매 그가 백성 중에 서니 다른 사람보다 어깨 위만큼 컸더라 사무엘이 모든 백성에게 이르되 너희는

> 야훼께서 택하신 자를 보느냐 모든 백성 중에 짝할 이가 없느니라 하니 모든 백성이 왕의 만세를 외쳐 부르니라

수많은 사람이 모인 곳에서 왕으로 선출되자 이러한 사실이 부담스러웠던 사울은 짐 보따리들 사이에 숨었습니다. 그러나 하나님은 숨어 있던 그를 찾아내어 백성들 앞에 세우셨습니다. 사무엘은 그가 하나님이 택하신 자이며 이스라엘 백성 중에서 그만한 사람이 없다고 말해주었습니다. 이스라엘 백성들은 사울의 키가 다른 사람보다 월등히 큰 것을 보고 만족해하며 그를 칭송했습니다. 왜냐하면 이스라엘 백성들이 원한 왕은 이방 국가와의 전쟁에서 자신들을 지켜줄 수 있는, 한마디로 뛰어난 군사적 능력을 갖춘 지도자였기 때문입니다(삼상 8:19-20).

그러나 엄밀히 말하면 사울이 왕으로 선출되었던 것은 그의 외적인 조건 때문이 아니었습니다. 사울이 하나님께 선택받은 이유는 그의 겸손한 태도 때문이었습니다. 사울은 자신이 이스라엘의 초대 왕으로 선출되었다는 것에 우쭐하지 않았습니다. 내가 될 줄 알았다며 교만하지도 않았습니다. 오히려 그는 다른 사람들 앞에 나서는 것을 부담스러워하여 숨었습니다. 얼마나 깊숙이 숨었는지 하나님이 알려주셔서 겨우 찾아낼 정도였습니다. 하나

님은 이처럼 겸손한 자를 높이시며, 반대로 교만한 자는 낮추십니다(시 18:27, 147:6; 잠 3:34). 아무리 빼어난 재능이 있어도, 혹은 세상 사람들 모두에게 칭찬을 들어도 교만한 마음을 가진 자는 결코 하나님의 일에 쓰임받을 수가 없습니다.

> 삼상 10:25 사무엘이 나라의 제도를 백성에게 말하고 책에 기록하여 야훼 앞에 두고 모든 백성을 각기 집으로 보내매

사무엘은 왕정 제도에 대해 가르친 후 백성들을 집으로 돌려보냈습니다. 그는 이스라엘의 최고 지도자 자리에서 내려오는 마지막 순간까지도 자신의 역할에 최선을 다한 것입니다.

> 삼상 10:26 사울도 기브아 자기 집으로 갈 때에 마음이 하나님께 감동된 유력한 자들과 함께 갔느니라

사울이 집으로 돌아가는 길에 하나님께 감동된 유력한 자들이 그와 함께했습니다. 하나님이 그들을 감동하게 하셔서 아직 경험이 없고 미숙한 사울을 도와주도록 하신 것입니다. 하나님은 우리가 힘들고 어려울 때 그 상황을 이겨낼 수 있도록 도울 자를 보내주십니다. 그러므로 절망하고 낙심할 필요가 없습니다. 하나

님은 결코 감당하지 못할 시험을 우리에게 허락하지 않으십니다. 더 나아가 우리 역시 하나님께 감동된 성령충만한 자들이 되어 우리의 도움이 필요한 자들을 기꺼이 도울 수 있어야 합니다.

> 삼상 10:27 어떤 불량배는 이르되 이 사람이 어떻게 우리를 구원하겠느냐 하고 멸시하며 예물을 바치지 아니하였으나 그는 잠잠하였더라

사울이 왕으로 뽑힌 것을 모든 사람이 찬성한 것은 아니었습니다. 사울을 반대한 일부 불량배들이 있었습니다. 이들은 사울이 하나님이 세우신 지도자임을 간과하고 인간적인 생각으로 사울을 멸시하고 예물을 바치지 않았습니다. 이는 사울뿐 아니라 사울을 세우신 하나님까지도 불신하는 악한 태도였습니다.

그런데 이에 대한 사울의 대응이 매우 인상적입니다. 그는 부정적인 사람들의 태도에 일일이 반응하지 않았고 모든 것을 하나님께 맡겼습니다. 사울처럼 우리도 우리를 반대하는 자들과 싸울 필요가 없습니다. 원수 갚는 것은 하나님께 있습니다. 반대자를 만날 때 우리가 할 일은 모든 것을 하나님께 맡기고 잠잠히 기도하는 것뿐입니다.

한편 사무엘은 하나님이 택하신 사울을 이스라엘의 왕으로 세

우는 일을 마무리했습니다. 그는 하나님 중심의 신앙을 가진 사람이었습니다. 자신이 갖고 있던 모든 지위와 권력을 다른 이에게 넘기고 내려와야 하는 상황에서도 그는 전혀 흔들림 없이 하나님께 순종하는 모습을 보여주었습니다. 우리 또한 이러한 신앙의 소유자가 되어야 할 것입니다.

요약

사무엘은 사울을 연회에 초청하여 정성껏 대접한 후 그에게 기름을 부었습니다. 또한 스스로를 미약한 사람이라고 생각하는 사울이 '하나님께 택함받은 자'라는 확신을 가질 수 있도록 세 가지 징표를 전해주었습니다. 이후 사무엘은 미스바로 이스라엘 백성들을 불러 모아 제비뽑기를 통해 선출된 사울이 하나님이 택하신 왕임을 확증해 주었습니다. 이로써 사무엘은 사울을 이스라엘의 왕으로 세우는 일을 마무리했습니다.

묵상

사무엘처럼 하나님의 뜻이라면 현재 내가 누리고 있는 것이라 할지라도 기꺼이 내려놓을 수 있습니까? 나의 시대가 끝나간다고 해도 기꺼이 받아들이고 순종할 수 있습니까?

적용

"그는 흥하여야 하겠고 나는 쇠하여야 하리라"(요 3:30)라는 침례 요한의 고백처럼 나의 이익에 반대되는 것처럼 보이는 상황 앞에서도 하나님의 뜻에 절대적으로 순종하는 신앙인이 됩시다. 범사에 우선순위를 하나님께 두고 하나님의 뜻만이 이루어지기를 소원하는 신앙인이 됩시다.

— Thus far has the LORD helped us —

12장
야베스를 구원한 사울

삼상 11:1-15

12
야베스를 구원한 사울

(삼상 11:1-15)

　미스바에서 제비뽑기 방식을 통해 사울이 왕으로 선출되었지만 이스라엘이 부족 연합 체제에서 왕정 체제로 전환하기 위해서는 갖춰져야 할 것이 많았습니다. 무엇보다 사울의 왕권이 아직 견고히 서지 않은 상황이었습니다. 일부 사람들은 대놓고 사울을 멸시하며 왕으로 예우하지 않기도 했습니다. 그런데 사울이 왕으로 인정받게 되는 결정적인 사건이 일어났습니다.

1. 암몬이 길르앗 야베스를 공격함(삼상 11:1-4)

삼상 11:1 암몬 사람 나하스가 올라와서 길르앗 야베스에 맞서 진 치매 야베스 모든 사람들이 나하스에게 이르되 우리와 언약하자 그리하면 우리가 너를 섬기리라 하니

요단 동편에 위치한 성읍인 길르앗 야베스에 암몬 왕 나하스가 군대를 이끌고 쳐들어왔습니다. 길르앗 야베스의 주민들이 상대하기에 암몬의 군대는 너무나 막강했기 때문에 그들은 항복을 결정하고 나하스와 협상하고자 했습니다. 약소국이 속국으로서 강대국을 섬기는 이른바 '종주권 조약'을 맺으려 했던 것입니다.

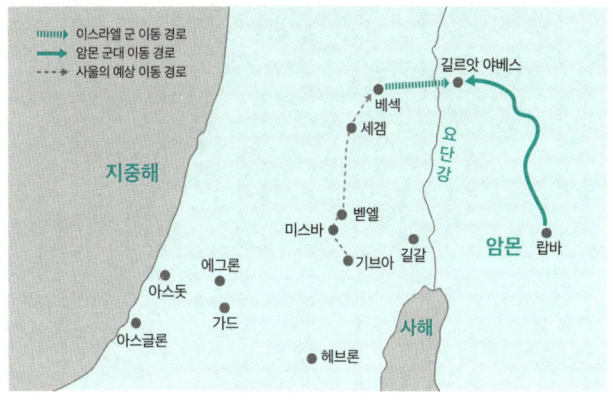

길르앗 야베스 전투

> **삼상 11:2** 암몬 사람 나하스가 그들에게 이르되 내가 너희 오른 눈을 다 빼야 너희와 언약하리라 내가 온 이스라엘을 이같이 모욕하리라

그러나 나하스는 '뱀'이라는 뜻의 이름처럼 잔혹한 성품을 지닌 사람이었습니다. 그는 길르앗 야베스 사람들이 항복했음에도 불구하고 그들의 오른쪽 눈을 다 빼면 조약을 체결하겠다고 말했습니다. 거기다 한술 더 떠서 그는 "내가 온 이스라엘을 이같이 모욕하리라"라며 조롱했습니다. 요단강 건너편에 있는 이스라엘 지파에 지원군을 요청해봤자 소용없다는 협박이었습니다.

> **삼상 11:3** 야베스 장로들이 그에게 이르되 우리에게 이레 동안 말미를 주어 우리가 이스라엘 온 지역에 전령들을 보내게 하라 만일 우리를 구원할 자가 없으면 네게 나아가리라 하니라

길르앗 야베스의 장로들은 이스라엘 전역에 전령을 보내어 지원군을 요청할 수 있도록 7일간의 유예 기간을 달라고 나하스에게 사정했습니다. 그리고 만약 아무 응답을 받지 못한다면 그때는 모든 것을 포기하고 그의 뜻대로 하겠다고 약속했습니다. 나하스는 이들의 요청을 허락했습니다. 왜냐하면 그는 이스라엘과

평화적인 관계를 유지할 마음이 전혀 없었고, 무엇보다 자신의 군대가 절대적인 우위에 있어서 이스라엘 군대를 다 데려와도 이길 수 있다고 자만했기 때문입니다.

> 삼상 11:4 이에 전령들이 사울이 사는 기브아에 이르러 이 말을 백성에게 전하매 모든 백성이 소리를 높여 울더니

길르앗 야베스 주민들은 이스라엘 각지에 전령을 보냈습니다. 그중에 사울이 사는 기브아에 도착한 이들이 있었는데, 그들은 자신들의 위급한 상황을 알리며 이스라엘을 모욕한 나하스의 말을 전했습니다. 그 말을 들은 기브아의 모든 백성이 소리를 높여 울었습니다.

사실 기브아 백성들이 이토록 슬퍼한 까닭은 길르앗 야베스와 특별한 관계에 있었기 때문입니다. 사사시대 때 이스라엘의 열한 지파가 연합하여 기브아가 속한 베냐민 지파를 상대로 전쟁을 벌인 적이 있었습니다(삿 20장). 이로 인해 베냐민 지파의 온 성읍이 파괴되고 많은 사람이 죽게 되어 지파 자체가 사라질 위기에 처했습니다. 그때 전쟁에서 살아남은 베냐민 지파의 남자들이 길르앗 야베스의 처녀 4백 명과 혼인함으로써 간신히 멸족의 위기에서 벗어날 수 있었습니다(삿 21:1-15). 아마도 이러한 특별한 인연 때

문에 길르앗 야베스의 전령이 전하는 소식에 기브아 사람들이 더 마음 아파하며 울었던 것으로 보입니다.

그렇다고 해서 이 울음을 단순히 길르앗 야베스 사람들에 대한 동정, 연민과 같은 인간의 사사로운 감정에서 나온 것만으로 보아서는 안 됩니다. 그 바탕에는 하나님의 백성 이스라엘이 이방 민족에게 조롱과 모욕을 당하는 상황에 대한 울분이 있었습니다. 즉, 그들은 "하나님, 우리를 불쌍히 여겨주옵소서!"라고 하나님 앞에 나아와 통곡했던 것입니다.

풍요로운 삶을 사는 오늘날의 우리에게 가장 큰 신앙의 위기 중 하나는 눈물이 사라진 것입니다. 문제가 있어도 하나님과의 관계가 소원하여 눈물로 간구하지 못하는 크리스천들이 많아졌습니다. 60년대와 70년대의 힘든 시기를 지날 때 우리 신앙의 선배들은 많이 울었습니다. 그러나 경제가 발전하고 삶이 점차 풍요로워지자 우리는 눈물을 잃어버렸습니다. 감격을 잃어버렸습니다. 그리고 신앙의 열정을 잃어버렸습니다.

하나님의 축복을 받았음에도 불구하고 감사하지 아니하고 오히려 하나님에게서 멀어졌다면 회개해야 합니다. 회개하고 하나님을 향한 첫사랑의 감격을 회복해야 합니다. 또 문제가 있으면 절망하거나 두려워하지 말고 모든 문제의 해결자 되신 하나님 앞에 나아와 엎드려 부르짖어야 합니다.

2. 야베스를 구원한 사울 (삼상 11:5-11)

> 삼상 11:5-7 마침 사울이 밭에서 소를 몰고 오다가 이르되 백성이 무슨 일로 우느냐 하니 그들이 야베스 사람의 말을 전하니라 사울이 이 말을 들을 때에 하나님의 영에게 크게 감동되매 그의 노가 크게 일어나 한 겨리의 소를 잡아 각을 뜨고 전령들의 손으로 그것을 이스라엘 모든 지역에 두루 보내어 이르되 누구든지 나와서 사울과 사무엘을 따르지 아니하면 그의 소들도 이와 같이 하리라 하였더니 야훼의 두려움이 백성에게 임하매 그들이 한 사람 같이 나온지라

사울은 왕으로 선출되었지만 왕의 직무가 아직 정해지지 않았던 터라 기브아에 있는 자기 집으로 돌아왔습니다. 그러던 어느 날 그가 평상시와 같이 밭일을 하고 나서 소를 몰며 집으로 돌아오던 길에 사람들이 우는 것을 보고 그 까닭을 물었습니다. 그들은 사울에게 길르앗 야베스에서 일어난 일에 대해 말해주었습니다. 그때 하나님의 영이 사울에게 강하게 임했습니다. 그는 감히 하나님의 백성 이스라엘을 모욕하는 나하스의 말에 분노했습니다.

하나님의 사람은 평상시에는 온화하지만 하나님을 위해 분노하는 경우가 종종 있습니다. 그 좋은 예가 다윗입니다. 블레셋의 적장 골리앗이 이스라엘을 모욕하는 말을 했을 때 모든 이스라엘 사람들이 겁에 질려 도망가기에 급급했습니다. 그러나 다윗은 "이 할례 받지 않은 블레셋 사람이 누구이기에 살아 계시는 하나님의 군대를 모욕하겠느냐"(삼상 17:26)라며 분노했습니다. 다윗의 분노는 인간적인 분노가 아니라 하나님의 영이 그의 마음 가운데 주시는 거룩한 분노였습니다.

이 같은 분노가 사울에게 임했습니다. 그는 자신이 몰고 있던 "한 겨리의 소", 즉 소 두 마리를 잡아 각을 떠서 이스라엘 각 지역에 보냈습니다. 그리고 길르앗 야베스의 전쟁에 참여하라고 군사 소집 명령을 내리고 이에 따르지 않을 시 엄중한 징계를 받게 될 것이라고 말했습니다.

이윽고 사울에게 임한 거룩한 분노가 온 이스라엘에 전파되었습니다. 이스라엘 백성들은 야훼를 경외하는 마음으로 하나가 되어 전쟁에 참여했습니다.

> 삼상 11:8-9 사울이 베섹에서 그들의 수를 세어 보니 이스라엘 자손이 삼십만 명이요 유다 사람이 삼만 명이더라 무리가 와 있는 전령들에게 이르되 너희는 길르앗 야베스 사람에

> 게 이같이 이르기를 내일 해가 더울 때에 너희가 구원을
> 받으리라 하라 전령들이 돌아가서 야베스 사람들에게
> 전하매 그들이 기뻐하니라

사울은 베섹에서 군대를 소집했습니다. 모인 군사의 수는 이스라엘 자손이 30만 명, 유다 자손이 3만 명, 총 33만 명이었습니다. 사울은 전령을 통해 길르앗 야베스 사람들에게 내일 그들을 구원하러 가겠다는 소식을 전했습니다. 길르앗 야베스 사람들은 이 소식을 듣고 크게 기뻐했습니다.

성령으로 감동된 사람은 이처럼 사람들에게 기쁨을 줍니다. 성령의 역사가 구원과 기쁨을 가져오기 때문입니다. 이와 반대로 마귀의 역사는 분노와 미움과 절망과 두려움을 가져옵니다. 그러므로 우리 모두 성령의 사람이 되어서 절망에 처한 사람들에게 기쁨과 평화를 전해야 합니다.

목놓아 울며 하나님께 구원을 간구했던 기브아 백성의 기도를 들으신 하나님은 사울을 택하셔서 성령을 부어주셨고 그를 통해 온 이스라엘 백성들의 마음을 하나로 모아 33만의 대군을 모이게 하셨습니다. 이처럼 하나님의 역사는 하나님의 영에 사로잡힌 사람을 통해 이루어집니다.

> 삼상 11:10-11 야베스 사람들이 이에 이르되 우리가 내일 너희에게 나아가리니 너희 생각에 좋을 대로 우리에게 다 행하라 하니라 이튿날 사울이 백성을 삼 대로 나누고 새벽에 적진 한가운데로 들어가서 날이 더울 때까지 암몬 사람들을 치매 남은 자가 다 흩어져서 둘도 함께 한 자가 없었더라

사울에게 구원의 소식을 들은 야베스 사람들은 나하스에게 "내일 너희에게 나아가리니"라고 말했습니다. 이 말은 중의적인 의미를 지닌 표현이었습니다. 표면적으로는 3절에서 말했던 대로 눈을 도려내든 무엇을 하든 마음대로 하라는 무조건적 항복을 의미하는 것처럼 보입니다. 하지만 그 이면에는 암몬 사람들의 경계를 풀게 하려는 계략과 '너희와 싸우러 나아간다.'라는 의지가 담겨있습니다. 3절에서와 똑같이 나아간다고 말했지만 10절에서는 길르앗 야베스 사람들의 상황이 달라졌습니다. 지금은 사울이 33만 대군을 이끌고 그들을 구하기 위해 달려오고 있었던 것입니다. 그러나 야베스 사람들의 전갈을 항복의 뜻으로만 받아들인 암몬 사람들은 자만감에 빠져 긴장을 풀고 있었을 것입니다.

이튿날 새벽, 사울과 그의 군대가 암몬 사람들을 기습 공격했습니다. 이스라엘 군대는 대승을 거두었고 이 승리에 대해 성경

은 "남은 자가 다 흩어져서 둘도 함께 한 자가 없었더라"라고 기록하고 있습니다. 암몬 군사들은 제대로 싸워보지도 못하고 뿔뿔이 흩어져서 도망치기 바빴던 것입니다.

암몬의 군대는 강했으나 하나님의 뜻 아래 하나 된 이스라엘 군대 앞에 아무런 힘을 발휘하지 못하고 완패했습니다. 이처럼 우리도 하나님의 뜻 안에서 하나가 되어야 합니다. 신앙생활은 혼자 할 수 없습니다. 우리가 주님 안에서 하나가 될 때 어떤 악한 세력도 능히 이길 수 있습니다.

3. 자기를 비방한 자들을 용서한 사울(삼상 11:12-15)

> 삼상 11:12 백성이 사무엘에게 이르되 사울이 어찌 우리를 다스리겠느냐 한 자가 누구니이까 그들을 끌어내소서 우리가 죽이겠나이다

사울이 암몬과의 전투에서 큰 승리를 거두게 되자 이스라엘 백성들은 그를 왕으로 인정했습니다. 반면 미스바에서 사울이 왕으로 뽑혔을 때 그를 왕으로 인정하지 않고 조롱했던 사람들(삼상 10:27)은 사울을 반대하던 명분을 잃고 생명까지 위협받는 지경에

이르렀습니다. 이스라엘 백성들이 그들을 끌어내어 죽이려 했기 때문이었습니다. 그러나 사울은 반대자들에게 아량을 베풀었습니다.

> 삼상 11:13 사울이 이르되 이 날에는 사람을 죽이지 못하리니 야훼께서 오늘 이스라엘 중에 구원을 베푸셨음이니라

사실 반대자들에 대해 가장 분노했을 사람은 다름 아닌 사울이었을 것입니다. 그들은 하나님이 사울에게 주신 왕권을 인정하지 않고 사람들 앞에서 사울을 모욕했던 자들이었습니다. 그 당시에는 사울의 입지가 불안정했기 때문에 그들에게 화가 났더라도 어찌할 도리가 없었습니다. 그러나 이제는 상황이 달라졌습니다. 사울이 암몬과의 전투에서 압승을 거두었으니 그 여세를 몰아 반대자들을 처벌할 수도 있었습니다. 더욱이 이스라엘 백성들이 먼저 그들을 죽이자고 나섰기에 사울이 직접 손을 쓰지 않아도 반대자들을 제거할 수 있었습니다.

하지만 사울은 그렇게 하지 않았습니다. 오히려 반대자들을 죽이자는 백성들을 말렸습니다. 그는 암몬과의 전투에서 얻은 승리가 자신의 힘으로 이룬 것이 아니라 하나님의 은혜로 이루어진 것임을 알았기 때문입니다. 이 승리는 전적인 하나님의 역사였습

니다. 사울이 이스라엘을 구원한 것이 아니라 하나님이 이스라엘을 구원하신 것입니다. 그래서 사울은 자신의 개인적인 감정이나 인간관계보다 하나님의 일을 더 우선시하여 반대자들을 용서했습니다.

> 삼상 11:14 사무엘이 백성에게 이르되 오라 우리가 길갈로 가서 나라를 새롭게 하자

사울은 밖으로는 암몬과의 전쟁을 승리로 이끌었을 뿐만 아니라 안으로는 반대자들을 향해 관용을 베풀면서 이스라엘의 왕으로서의 자질을 입증하고 백성들의 인정을 받았습니다.

이스라엘 백성들이 기뻐하고 즐거워할 때 사무엘은 이들을 길갈로 이끌었습니다. 길갈은 이스라엘 백성에게 특별한 의미가 있는 역사적인 장소였습니다. 이스라엘이 가나안 정복 전쟁을 시작할 때 제일 먼저 하나님께 예배드리고 할례를 행함으로써 하나님의 백성으로서의 정체성을 확고히 다졌던 곳이 길갈이었습니다(수 4:19-5:9). 다시 말해 길갈은 이스라엘이 하나님의 백성으로 거듭난 곳이었습니다. 사무엘은 바로 그곳에서 하나님 백성으로서의 이스라엘의 정체성을 다시 한번 일깨우고자 했던 것입니다.

이때 사무엘은 "나라를 새롭게 하자"라고 말했는데, 이는 단순

히 나라의 제도와 규범을 새롭게 만들겠다는 의미가 아닙니다. 사무엘이 말하는 이스라엘의 새 출발은 하나님과의 관계에서 시작하는 것입니다. 세상 나라들과 달리 이스라엘의 진정한 통치자는 하나님이시기에 하나님과의 관계가 바르지 않으면 다른 어떤 일에서도 성공할 수 없기 때문입니다. 그래서 사무엘은 길갈에서 하나님과의 관계를 바르게 정립하고 이스라엘의 새로운 역사를 시작하고자 했습니다.

> 삼상 11:15 모든 백성이 길갈로 가서 거기서 야훼 앞에서 사울을 왕으로 삼고 길갈에서 야훼 앞에 화목제를 드리고 사울과 이스라엘 모든 사람이 거기서 크게 기뻐하니라

백성들은 사무엘의 말대로 길갈로 가서 사울의 공식적인 왕위 즉위식을 거행했습니다. 그리고 하나님께 화목제를 드린 후 온 백성이 함께 기쁨을 나누었습니다. 이제 사울은 자타가 공인하는 이스라엘의 왕이 된 것입니다.

그런데 우리가 여기서 주목해야 할 것이 있습니다. 본문을 보면 "야훼 앞에"라는 문구가 반복되어 사용되었다는 점입니다. 사울이 이스라엘의 왕이 되었지만 '야훼 앞에서' 된 것입니다. 그 의미는 사울 자신의 능력이나 자질로 왕의 지위를 얻은 것이 아니

라는 것입니다. 하나님이 그에게 왕위를 주신 것입니다. 그가 왕으로서 갖게 될 권력도 하나님에게서 나온 것이며, 그가 왕으로서 누리게 될 부귀영화도 하나님의 은혜로 말미암은 것입니다. 즉, 사울이 이스라엘의 온 백성 위에 군림하는 왕이 되었을지라도 그는 여전히 '야훼 앞에' 있는 존재일 뿐입니다.

사울이 주인공이 아닙니다. 사울을 왕으로 세우시고 그를 통해 이스라엘을 구원하신 하나님이 주인공이십니다. 그런데 이스라엘 사람들이 암몬 전쟁의 승리 이후 사울을 주인공으로 만들고 그에게만 주목하자 사무엘이 그들을 길갈로 데려와서 실제 주인공은 하나님이심을 일깨운 것입니다. 그래서 이스라엘은 '야훼 앞에서' 기뻐했습니다.

오늘날 우리도 마찬가지입니다. 지도자로 세움받은 사람들은 자신을 내세우지 않도록 조심해야 합니다. 또한 성도들은 세움을 받은 지도자가 아니라 그 지도자를 세운 하나님을 바라보기 위해 노력해야 합니다. 그럴 때 하나님의 약속된 축복과 평강이 임하게 됩니다.

이렇게 이스라엘 백성들은 그들이 원하던 대로 왕을 세우고 왕정 체제를 확립했습니다. 그러나 이스라엘의 왕정 체제는 본래 하나님의 뜻에서 비롯된 것이 아니라 이스라엘 백성들이 원하던 바를 성취한 것이었습니다. 이처럼 우리의 뜻을 억지로 관철하는 기도를 하나님이 들어주실 때가 있습니다. 우리의 뜻이 옳기 때문이 아닙니다. 우리의 고집과 주장이 얼마나 어리석고 잘못되었는지 깨닫게 하려고 하나님이 허락하시는 것뿐입니다. 그러나 우리가 잊지 말아야 할 것은 그 결과에 대한 책임을 우리가 짊어진다는 사실입니다.

이는 이스라엘의 역사를 통해서도 확인할 수 있습니다. 하나님께 왕을 구하여 시작된 이스라엘 왕국은 르호보암 왕 때에 북이스라엘과 남유다로 나뉘게 됩니다. 이후 북이스라엘은 우상숭배로 인해 하나님의 심판을 받아 B.C. 722년 앗수르에 의해, 남유다 역시 같은 이유로 B.C. 586년에 바벨론에 의해 멸망하고 맙니다. 그리고 유다의 마지막 왕 시드기야는 두 눈이 뽑혀서 포로로 끌려가게 됩니다. 하나님의 통치보다 인간의 통치를 원했던 이스라엘 왕국은 결국 이와 같은 비극적인 결말을 맞게 된 것입니다.

그러므로 우리는 이스라엘 백성들의 전철을 밟지 않도록 항상 하나님의 뜻을 먼저 구하고 하나님의 뜻에 순종해야 합니다. 사람을 의지하지 않고 하나님만을 의지하는 것이 형통한 삶의 비결입니다.

요약

암몬의 나하스가 군대를 이끌고 길르앗 야베스를 침공했습니다. 그는 길르앗 야베스 사람들에게 받아들일 수 없는 조건을 내걸며 무조건적인 항복을 요구했고 이들뿐 아니라 온 이스라엘 백성들을 조롱했습니다. 길르앗 야베스 사람들은 7일간의 유예를 얻어 이스라엘 방방곡곡에 전령들을 보내 구원 요청을 했습니다. 이 소식을 들은 기브아 사람들은 같은 이스라엘 사람으로서 공분하며 통곡했습니다. 이때 사울에게 성령이 임하셨고 그를 중심으로 모인 이스라엘의 군사들은 암몬 군대를 크게 무찔렀습니다. 이 승리로 인해 사울은 지도력을 인정받고 길갈에서 거행된 공식적인 즉위식을 통해 왕의 지위를 얻게 되었습니다.

묵상

우리도 이스라엘 백성들처럼 하나님의 뜻과 상관없이 우리의 요구를 관철하기 위한 기도를 드리고 있지는 않습니까? 나는 하나님의 뜻을 먼저 구하고 있습니까? 나의 뜻을 먼저 구하고 있습니까?

적용

우리를 향한 하나님의 뜻은 무엇인지 생각해봅시다. 그리고 오늘날 우리가 구하는 기도가 하나님이 기뻐하시는 기도인지 점검해봅시다.

Thus far has the LORD helped us

13장
사무엘의 설교

삼상 12:1-25

13
사무엘의 설교

(삼상 12:1-25)

암몬 군대를 격퇴한 사건을 계기로 사울은 이스라엘 백성으로부터 왕으로서의 리더십을 인정받고 길갈에서 즉위식을 올렸습니다. 이와 같이 사울의 왕권이 확고해지자 사무엘은 지도자로서의 마지막 고별 설교를 합니다. 그는 이스라엘의 정치적 지도자였던 사사의 자리에서 물러나면서 자신의 사역을 돌아보고 앞으로 왕정시대를 맞이할 이스라엘 백성들이 어떠한 마음가짐으로 살아가야 할지 당부하였습니다.

1. 사무엘의 청렴한 통치(삼상 12:1-5)

이스라엘에 왕이 세워지는 과정은 하나님을 기쁘시게 하는 방식이 아니었습니다. 오히려 하나님을 향한 이스라엘 백성들의 불신앙에서 시작되었습니다.

> 삼상 12:1 사무엘이 온 이스라엘에게 이르되 보라 너희가 내게 한 말을 내가 다 듣고 너희 위에 왕을 세웠더니

사무엘은 이스라엘 백성들의 말을 다 듣고 그들의 요구대로 왕을 세워주었습니다. 이는 백성들을 두려워해서가 아니라 하나님이 허락하셨기 때문입니다(삼상 8:7).

> 삼상 12:2 이제 왕이 너희 앞에 출입하느니라 보라 나는 늙어 머리가 희어졌고 내 아들들도 너희와 함께 있느니라 내가 어려서부터 오늘까지 너희 앞에 출입하였거니와

여기서 '출입하다'라는 표현은 백성을 다스린다는 의미입니다. 왕이 세워지기 이전에는 하나님의 사사가 이스라엘을 다스렸습니다. 특히 사무엘은 어린 시절부터 하나님께 부름받아 긴 세월

동안 사사로 지내며 이스라엘을 다스려왔습니다. 그런데 이제는 사울이 이스라엘의 왕으로 세워졌기 때문에 정치적 통치권을 그에게 넘기겠다는 것입니다.

사무엘은 왕정 체제로 전환하는 이스라엘 역사 가운데 자신의 역할을 분명히 알고 온전히 순복한 사람이었습니다. 사무엘의 이 같은 모습은 오늘날의 지도자에게도 모범이 됩니다. 지도자의 자리에 있을 때 백성을 잘 다스리는 것도 중요하지만, 지도자의 자리에서 물러날 때 욕심내지 않고 조용히 물러나는 것이 더 중요합니다. 마지막까지 하나님의 뜻에 온전히 순종한 사무엘의 충성을 우리도 배워야 합니다.

> 삼상 12:3 내가 여기 있나니 야훼 앞과 그의 기름 부음을 받은 자 앞에서 내게 대하여 증언하라 내가 누구의 소를 빼앗았느냐 누구의 나귀를 빼앗았느냐 누구를 속였느냐 누구를 압제하였느냐 내 눈을 흐리게 하는 뇌물을 누구의 손에서 받았느냐 그리하였으면 내가 그것을 너희에게 갚으리라 하니

"내가 여기 있나니"라는 말은 그의 현재 위치를 표현하는 말이 아니라 그의 자신감을 나타냅니다. 즉, 사무엘은 자신이 이스라엘을 다스리는 동안 잘못한 일이 있다면 누구든지 여기 나와서

공개적으로 비판하라는 것입니다. 그러면서 사무엘은 지도자가 범하기 쉬운 죄악들을 언급하며 자신이 결백했음을 증언했습니다. 이는 자신의 청렴한 통치를 자랑하려는 의도가 아니라 앞으로 사울이 왕으로서 청렴하게 통치할 것을 바라는 마음 때문이었습니다.

> 삼상 12:4 그들이 이르되 당신이 우리를 속이지 아니하였고 압제하지 아니하였고 누구의 손에서든지 아무것도 빼앗은 것이 없나이다 하니라

사무엘은 지도자의 권력을 이용해서 백성의 재물을 갈취하지 않았고 남을 압제하거나 속이지 않았으며 뇌물도 받지 않았습니다. 엘리 대제사장의 두 아들 홉니와 비느하스는 제사장의 직분을 이용하여 재물을 갈취하고 자신의 이익을 도모하다가 하나님의 심판을 받았습니다. 그러나 사무엘은 하나님 앞에서나 사람 앞에서나 부끄러울 것 없는 지도자의 모습을 보여주었습니다. 그래서 이스라엘 백성들은 사무엘이 청렴결백한 지도자였다는 것을 모두 인정했습니다.

> 삼상 12:5 사무엘이 백성에게 이르되 너희가 내 손에서 아무것도 찾

아낸 것이 없음을 야훼께서 너희에게 대하여 증언하시며 그의 기름 부음을 받은 자도 오늘 증언하느니라 하니 그들이 이르되 그가 증언하시나이다 하니라

구약성경에 의하면 증거가 법적 효력을 가지기 위해서는 최소 두 명의 증인이 필요합니다(신 19:15). 사무엘은 자신의 결백함에 백성들이 동의했다는 것을 확인받기 위해 하늘의 통치자이신 하나님과 이스라엘의 통치자인 사울을 증인으로 세웠습니다. 그는 최고의 증인들을 세워 자신의 결백을 다시 한번 입증한 것입니다. 한 걸음 더 나아가 사무엘은 하나님의 기름부음을 받은 사울 역시 하나님 앞에서 결백한 삶을 살도록 간접적으로 교훈하고 있습니다.

우리도 언젠가 하나님 앞에 서게 되는 날이 옵니다. 그때 사무엘처럼 하나님과 사람 앞에서 부끄럽지 않은 삶을 살았다고 증언할 수 있기를 소망합니다.

2. 하나님의 신실하심과 이스라엘의 죄악(삼상 12:6-15)

6절 이하는 사무엘이 이스라엘을 구원하신 하나님의 역사를

회고하고 왕을 요구한 백성들을 책망하고 경고하는 내용을 담고 있습니다. 먼저 사무엘은 애굽에서 종노릇하던 이스라엘을 구원하신 분이 하나님이심을 강조했습니다.

> 삼상 12:6 사무엘이 백성에게 이르되 모세와 아론을 세우시며 너희 조상들을 애굽 땅에서 인도하여 내신 이는 야훼이시니

과거 이스라엘 백성들은 모세와 아론과 같은 지도자들의 통솔하에 애굽에서 나올 수 있었습니다. 하지만 이들을 세우시고 이들을 통해 이스라엘 백성들을 애굽에서 인도해내신 분은 다름 아닌 하나님이셨습니다.

> 삼상 12:7 그런즉 가만히 서 있으라 야훼께서 너희와 너희 조상들에게 행하신 모든 공의로운 일에 대하여 내가 야훼 앞에서 너희와 담론하리라

사무엘은 "가만히 서 있으라"라며 백성들의 이목을 집중시킨 후 하나님이 이스라엘에 행하신 모든 일이 신실하고 공의로웠다고 말했습니다.

삼상 12:8-9   야곱이 애굽에 들어간 후 너희 조상들이 야훼께 부르짖으매 야훼께서 모세와 아론을 보내사 그 두 사람으로 너희 조상들을 애굽에서 인도해 내어 이 곳에 살게 하셨으나 그들이 그들의 하나님 야훼를 잊은지라 야훼께서 그들을 하솔 군사령관 시스라의 손과 블레셋 사람들의 손과 모압 왕의 손에 넘기셨더니 그들이 저희를 치매

하나님은 이스라엘의 부르짖음에 응답하셔서 그들을 애굽의 노예 생활에서 벗어나 가나안 땅에 정착할 수 있도록 이끌어 주셨습니다. 그러나 이스라엘은 하나님의 은혜를 잊어버리고 우상을 숭배했습니다. 그 결과 이스라엘은 이방 민족의 침략을 받아 고난의 세월을 보내야 했습니다.

삼상 12:10-11   백성이 야훼께 부르짖어 이르되 우리가 야훼를 버리고 바알들과 아스다롯을 섬김으로 범죄하였나이다 그러하오나 이제 우리를 원수들의 손에서 건져내소서 그리하시면 우리가 주를 섬기겠나이다 하매 야훼께서 여룹바알과 베단과 입다와 나 사무엘을 보내사 너희를 너희 사방 원수의 손에서 건져내사 너희에게 안전하게 살게 하셨거늘

이스라엘의 배신에도 불구하고 하나님은 이스라엘을 포기하지 않으셨습니다. 출애굽한 이후로 사사시대에 이르기까지 이스라엘은 끊임없이 하나님을 배반하고 우상숭배의 죄를 범하였지만 그들이 고난 가운데 부르짖을 때마다 하나님은 응답하셨습니다.

> 삼상 12:12-13 너희가 암몬 자손의 왕 나하스가 너희를 치러 옴을 보고 너희의 하나님 야훼께서는 너희의 왕이 되심에도 불구하고 너희가 내게 이르기를 아니라 우리를 다스릴 왕이 있어야 하겠다 하였도다 이제 너희가 구한 왕, 너희가 택한 왕을 보라 야훼께서 너희 위에 왕을 세우셨느니라

사무엘은 이스라엘 백성들이 암몬 자손의 왕 나하스를 보고 왕을 구하게 되었다고 말했습니다. 즉, 그들은 나하스가 암몬 군대를 지휘하는 모습을 보고 자신들에게도 왕이 필요하다고 생각했던 것입니다. 그러나 사실 이스라엘에도 왕이 있었습니다. 이방 민족이 침략할 때마다 이스라엘 백성들을 대신하여 싸우시고 그들을 구원하셨던 하나님이 바로 이스라엘의 왕이셨습니다. 그런데 이스라엘 백성들은 지금까지 구원해주신 하나님의 은혜를 잊어버리고 다른 왕을 요구한 것입니다. 이러한 배은망덕한 태도에

도 불구하고 하나님은 그들의 요구를 들어주셔서 사울을 왕으로 세우셨습니다.

> 삼상 12:14-15 너희가 만일 야훼를 경외하여 그를 섬기며 그의 목소리를 듣고 야훼의 명령을 거역하지 아니하며 또 너희와 너희를 다스리는 왕이 너희의 하나님 야훼를 따르면 좋겠지마는 너희가 만일 야훼의 목소리를 듣지 아니하고 야훼의 명령을 거역하면 야훼의 손이 너희의 조상들을 치신 것 같이 너희를 치실 것이라

백성들의 바람대로 왕이 세워졌지만 이스라엘의 진정한 통치자는 여전히 하나님이셨습니다. 그래서 사무엘은 하나님을 경외하고 섬길 것을 강조하였습니다. 왕의 권세가 아무리 강해도 이스라엘이 경외해야 할 대상은 왕이 아니라 하나님이시며 그들이 들어야 할 목소리는 왕의 음성이 아니라 하나님의 음성이었습니다. 왕도 자기 마음대로 이스라엘을 통치하는 것이 아니라 하나님의 음성을 듣고 그 말씀대로 따라야 합니다. 만약 왕이 하나님을 경외하지 않고 백성들 역시 왕의 악한 행실을 따라 하나님의 명령을 거역한다면 그들 모두는 하나님의 심판을 받게 될 것입니다.

이러한 하나님의 심판은 하나님과 이스라엘 사이의 특별한 언

약 관계에서 비롯됩니다. 그들이 하나님을 경외하지 않고 거역한 다면 언약 불이행으로 인해 심판을 받게 됩니다. 그러나 이는 이스라엘에 부여되는 일방적인 불이익이 아닙니다. 하나님의 언약은 이스라엘로 하여금 축복을 누리게 하는 것이 본래의 목적이며, 심판은 이스라엘이 축복 가운데 머무르게 하기 위한 장치일 뿐 목적 그 자체가 아닙니다. 만약 이스라엘이 언약을 충실히 이행한다면 그들은 풍성한 축복을 누리게 될 것입니다. 우리도 마찬가지입니다. 우리가 하나님을 경외하고 순종하는 삶을 살 때 우리는 넘치는 축복과 은혜를 누리며 살게 될 것입니다. 그러므로 하나님과의 관계를 무거워하거나 두려워하지 말고 하나님을 경외함으로 약속하신 축복을 누리며 기쁨과 감사함으로 살아가야 합니다.

3. 사무엘의 마지막 권면(삼상 12:16-25)

삼상 12:16 너희는 이제 가만히 서서 야훼께서 너희 목전에서 행하시는 이 큰 일을 보라

본문의 말씀은 홍해 앞에서 두려워하는 이스라엘 백성들에게

모세가 했던 말과 매우 비슷합니다. 당시 이스라엘 백성들은 열 가지 재앙을 통해 출애굽을 경험했지만 하나님을 온전히 신뢰하지 못했습니다. 그들은 앞을 가로막고 있는 홍해를 두려워하고 뒤쫓아오는 바로의 군대를 두려워했습니다. 그때 모세는 이렇게 선포했습니다.

"모세가 백성에게 이르되 너희는 두려워하지 말고 가만히 서서 야훼께서 오늘 너희를 위하여 행하시는 구원을 보라"(출 14:13).

하나님은 이스라엘 백성들이 보는 앞에서 홍해를 갈라 길을 내셨습니다.

하나님은 천하 만물을 다스리는 분이시므로 자신의 뜻을 이루기 위해 이처럼 자연을 도구로 사용하시기도 합니다. 사무엘이 여기서 말하는 "큰 일"은 바로 우레와 비를 동반한 기적적인 자연 현상을 말합니다.

삼상 12:17-18 오늘은 밀 베는 때가 아니냐 내가 야훼께 아뢰리니 야훼께서 우레와 비를 보내사 너희가 왕을 구한 일 곧 야훼의 목전에서 범한 죄악이 큼을 너희에게 밝히 알게 하시리라 이에 사무엘이 야훼께 아뢰매 야훼께서 그

날에 우레와 비를 보내시니 모든 백성이 야훼와 사무엘을 크게 두려워하니라

사무엘은 이스라엘이 왕을 구한 것이 하나님 앞에 큰 죄악이었음을 깨닫게 하고자 하나님께 우레와 비를 보내주시기를 구하였습니다. 기적적인 자연 현상을 통해서라도 분명하게 죄를 인식해야 이스라엘이 더 이상 화를 자초하는 어리석은 일을 범하지 않을 것이기 때문입니다.

이스라엘에서는 보통 5, 6월에 밀을 추수하는데 이 시기는 비가 내리지 않는 건기(乾期)입니다. 사무엘이 말한 "오늘"은 바로 이 건기에 속한 날이었습니다. 그런데 그가 기도하자 하나님은 우레를 동반한 큰비를 내리셨고 이를 본 모든 백성이 하나님과 사무엘을 크게 두려워했습니다. 하나님의 엄위하심 앞에 두려움을 느낀 것입니다.

삼상 12:19 모든 백성이 사무엘에게 이르되 당신의 종들을 위하여 당신의 하나님 야훼께 기도하여 우리가 죽지 않게 하소서 우리가 우리의 모든 죄에 왕을 구하는 악을 더하였나이다

우레와 큰비로 나타난 하나님의 진노를 통해 모든 백성은 자신들의 죄를 깨닫고 사무엘에게 매달리기 시작했습니다. 그들은 차마 스스로 하나님께 기도하지도 못하고 사무엘에게 중보해달라고 요청했습니다.

> 삼상 12:20-21 사무엘이 백성에게 이르되 두려워하지 말라 너희가 과연 이 모든 악을 행하였으나 야훼를 따르는 데에서 돌아서지 말고 오직 너희의 마음을 다하여 야훼를 섬기라 돌아서서 유익하게도 못하며 구원하지도 못하는 헛된 것을 따르지 말라 그들은 헛되니라

사무엘은 두려움에 떠는 백성들에게 두려워하지 말라고 말했습니다. 그들이 죄를 시인하고 회개하면 하나님은 용서하시고 새로운 기회를 주시기 때문입니다. 그래서 사무엘은 이스라엘 백성들에게 지금부터라도 우상숭배에서 벗어나 하나님을 전심으로 섬기라고 권면했습니다. 아무런 능력도 힘도 없는 우상을 섬기는 것은 죽음으로 가는 지름길이며 하나님을 따르는 것만이 유일한 살길임을 알려주고 이제는 그 길에서 절대 돌아서면 안 된다고 경고했습니다.

> 삼상 12:22 야훼께서는 너희를 자기 백성으로 삼으신 것을 기뻐하셨으므로 야훼께서는 그의 크신 이름을 위해서라도 자기 백성을 버리지 아니하실 것이요

이스라엘은 끊임없이 하나님께 반역했지만 하나님은 그들을 버리지 않으셨습니다. 자녀가 아무리 거역해도 끝까지 자녀를 버리지 않고 사랑하는 부모처럼 하나님은 이스라엘을 사랑하셨습니다. 마찬가지로 우리가 죄를 지어도 하나님께 용서를 구할 수 있는 것은 이와 같은 하나님 아버지의 무한하신 사랑 때문입니다.

> 삼상 12:23 나는 너희를 위하여 기도하기를 쉬는 죄를 야훼 앞에 결단코 범하지 아니하고 선하고 의로운 길을 너희에게 가르칠 것인즉

사무엘은 죽을 때까지 이스라엘을 위해 기도하고 그들에게 믿음의 길을 가르치기로 결단했습니다. 더욱이 그는 기도하지 않는 것을 죄라고까지 말했습니다. 기도는 하면 좋고 안 해도 괜찮은 것이 아닙니다. 기도는 필요할 때만 하는 것도 아닙니다. 아무리 바빠도, 어떤 일이 있어도 기도를 쉬어서는 안 됩니다. 기도는 우리 삶의 일부가 되어야 합니다. 우리도 사무엘처럼 나라와 민족을 위

해 늘 기도해야 하며 다음 세대에게 올바른 신앙을 전해야 합니다.

> 삼상 12:24-25 너희는 야훼께서 너희를 위하여 행하신 그 큰 일을 생각하여 오직 그를 경외하며 너희의 마음을 다하여 진실히 섬기라 만일 너희가 여전히 악을 행하면 너희와 너희 왕이 다 멸망하리라

이 구절이 사무엘의 고별 설교의 핵심입니다. 이스라엘의 미래는 이스라엘 백성들의 선택에 달려있습니다. 하나님은 신명기에서도 축복과 저주를 그들 앞에 두시고 선택하라고 하셨습니다 (신 11:26-28).

사무엘의 고별 설교는 사울과 이스라엘 백성들만을 위한 것이 아니라 오늘 우리에게도 해당하는 말씀입니다. 예수님을 믿어 하나님의 백성이 된 우리 앞에도 똑같은 선택지가 놓여있습니다. 신앙생활은 사실상 두 가지 길 가운데 하나를 선택하며 사는 것입니다. 우리 눈에 좋아 보인다고 해도 사망과 저주가 있는 세상의 길을 선택해서는 안 됩니다. 비록 당장은 불편하고 힘들어 보여도 마침내 생명과 평안과 기쁨을 주는 하나님의 길을 선택해야 합니다. 오직 하나님만을 경외하며 하나님의 길을 가기로 선택하고 그 길 가운데 예비된 풍성한 은혜를 누리며 사시길 축원합니다.

요약

사울이 즉위식을 통해 왕으로서 인정을 받자 사무엘은 온 이스라엘 백성들 앞에서 고별 설교를 했습니다. 사무엘은 그동안 자신이 지도자로서 청렴하게 통치해왔음을 입증했습니다. 또한 그는 하나님의 통치를 거부하고 왕을 요구한 이스라엘의 죄를 지적했습니다. 그는 과거 이스라엘이 이방 민족의 침략을 받을 때마다 신실하신 하나님이 그들을 구원하셨다는 사실을 상기시켰습니다. 그리고 비가 내리지 않는 건기임에도 불구하고 사무엘은 우레와 비가 내리기를 구했습니다. 이는 이스라엘이 하나님께 왕을 구한 것이 죄였음을 깨닫게 하기 위한 것이었습니다. 동시에 사무엘은 이를 통해 이스라엘의 진정한 왕은 하나님이시라는 것과 오직 하나님만을 경외해야 한다는 것을 가르치고자 했습니다. 사무엘의 기도로 우레와 큰비가 내리자 백성들은 자신들의 죄를 깨닫고 그에게 중보해달라고 요청했습니다. 사무엘은 이스라엘을 위해 기도할 것과 의로운 길을 가르칠 것을 결단했고 아울러 이스라엘 백성들에게 앞으로는 헛된 우상을 숭배하지 말고 오직 하나님만을 섬기라고 권면했습니다.

묵상

이스라엘 백성들은 하나님의 구원을 여러 번 경험했음에도 불구하고 하나님에게서 멀어지고 우상숭배의 죄를 범했습니다. 오늘날 우리의 삶은 어떠합니까? 우리는 하나님의 구원을 받은 백성답게 살고 있습니까?

적용

우리의 삶 속에서 전심으로 하나님을 섬기는 데 방해되는 것은 무엇인지 또는 하나님 대신 우리가 의지하는 것은 무엇인지 생각해봅시다.

— Thus far has the Lord helped us —

14장
번제를 드린 사울

삼상 13:1-14:15

14
번제를 드린 사울

(삼상 13:1-14:15)

　암몬과의 전쟁에서 큰 승리를 거둔 뒤 이스라엘 백성들은 길갈에 모여 정식으로 왕의 즉위식을 거행하고 사무엘의 고별 설교를 들으며 새롭게 출발했습니다. 그러나 항해를 하다 보면 순풍뿐 아니라 역풍도 만나듯이 사울을 선장으로 삼고 항해를 시작한 이스라엘 역시 위기를 맞았습니다. 사울의 즉위 2년 만에 블레셋과 전쟁을 치르게 된 것입니다.

1. 블레셋을 두려워하는 이스라엘(삼상 13:1-7)

> 삼상 13:1-2 사울이 왕이 될 때에 사십세라 그가 이스라엘을 다스린 지 이 년에 이스라엘 사람 삼천 명을 택하여 그 중에서 이천 명은 자기와 함께 믹마스와 벧엘 산에 있게 하고 일천 명은 요나단과 함께 베냐민 기브아에 있게 하고 남은 백성은 각기 장막으로 보내니라

사울은 이스라엘을 통치하며 삼천 명의 상비군을 조직해서 유지하고 있었습니다. 그중 이천 명은 자기 휘하에 두고 천 명은 아들 요나단에게 맡겨 베냐민 기브아에 주둔하게 했습니다.

> 삼상 13:3-4 요나단이 게바에 있는 블레셋 사람의 수비대를 치매 블레셋 사람이 이를 들은지라 사울이 온 땅에 나팔을 불어 이르되 히브리 사람들은 들으라 하니 온 이스라엘이 사울이 블레셋 사람들의 수비대를 친 것과 이스라엘이 블레셋 사람들의 미움을 받게 되었다 함을 듣고 그 백성이 길갈로 모여 사울을 따르니라

기브아에 주둔하고 있던 요나단의 군대가 그곳에서 약 5km 떨

어진 게바에 있던 블레셋 수비대를 공격했습니다. 이를 선전포고로 여긴 블레셋은 대규모의 군대를 이끌고 이스라엘로 향했습니다. 사울은 이 소식을 온 이스라엘에 전하고 길갈로 군대를 소집했습니다.

그런데 여기에 주목해야 할 사실이 있습니다. 사울의 모습이 암몬과의 전쟁 때와 다르다는 것입니다. 그 차이는 바로 하나님과 함께하느냐 함께하지 않느냐였습니다. 암몬과의 전쟁 당시 사울은 하나님의 영에 크게 감동되어 전쟁에 참여했습니다(삼상 11:6). 출발부터 하나님과 함께한 것입니다. 그러나 이번 블레셋과의 전쟁에서는 하나님의 뜻과 상관없이 인간적인 판단으로 블레셋을 선제공격했습니다. 또 사울은 전쟁 준비를 하면서도 하나님을 찾는 대신 이스라엘 사람들을 선동하여 군대를 소집하는 일에만 관심을 두었습니다. 사무엘이 하나님을 경외하고 그의 말씀에 순종하라고 권면했음에도 불구하고 사울과 이스라엘 백성은 그새 사무엘의 말을 잊어버린 것입니다.

> 삼상 13:5 블레셋 사람들이 이스라엘과 싸우려고 모였는데 병거가 삼만이요 마병이 육천 명이요 백성은 해변의 모래 같이 많더라 그들이 올라와 벧아웬 동쪽 믹마스에 진 치매

"해변의 모래 같이"라는 표현에서 알 수 있듯이 블레셋 군대의 수는 압도적이었습니다. 병력의 숫자만이 아닙니다. 군대의 구성에서도 블레셋 군대는 월등했습니다. 병거는 전차를 말하는데 당시 이스라엘 군대에는 없던 장비였습니다. 또 보병뿐이었던 이스라엘 군대와 달리 블레셋 군대는 마병, 즉 말을 타고 싸우는 병사를 6천 명이나 보유하고 있었기 때문에 엄청난 기동력과 파괴력을 가지고 있었습니다.

이같이 압도적인 차이를 보이는 블레셋 군대 앞에서 이스라엘 백성들은 두려움을 느꼈을 것입니다. 전쟁을 시작하기도 전에 이스라엘이 이미 위축되었다는 것은 다른 부분에서도 짐작할 수 있습니다. 블레셋이 진을 친 믹마스는 본래 사울이 진을 치고 있던 곳이었습니다. 그런데 그는 블레셋과 싸우기도 전에 믹마스를 내주고 길갈에서 이스라엘 군대를 정비하려고 했던 것입니다.

> 삼상 13:6-7 이스라엘 사람들이 위급함을 보고 절박하여 굴과 수풀과 바위 틈과 은밀한 곳과 웅덩이에 숨으며 어떤 히브리 사람들은 요단을 건너 갓과 길르앗 땅으로 가되 사울은 아직 길갈에 있고 그를 따른 모든 백성은 떨더라

블레셋의 막강한 군사력 앞에서 이스라엘 백성들은 싸울 의지

조차 잃어버리고 숨거나 도망치기에 급급했습니다. 심지어 요단강 건너까지 도망가는 사람들도 있었습니다.

이스라엘 백성들의 이 같은 모습 역시 암몬과의 전쟁 때와는 사뭇 다릅니다. 당시에는 적군에 대한 두려움이 아닌 "야훼의 두려움"이 이스라엘 백성들에게 임했습니다(삼상 11:7). 두려움의 대상이 달랐던 것입니다. 두려움의 대상이 다르니 전쟁의 양상도 달라졌습니다. 암몬과의 전쟁에서는 이스라엘 백성들이 하나님을 두려워하고 경외하는 마음으로 싸워서 큰 승리를 거둘 수 있었습니다. 하지만 지금 이스라엘 백성들의 마음에는 블레셋 군대에 대한 두려움이 가득했기 때문에 싸워보지도 않고 도망쳤던 것입니다.

우리도 인생을 살다보면 위기 상황을 종종 접하게 됩니다. 그러나 그때 우리 믿는 자들은 위기 너머에 계신 하나님을 바라봐야 합니다. 문제를 바라보면 두려움이 우리를 엄습해옵니다. 그러나 우리가 모든 문제보다 크신 하나님, 모든 문제의 해답을 갖고 계신 하나님을 바라보면 위기를 능히 극복하고 승리의 삶을 살 수 있습니다

2. 번제를 드린 사울 (삼상 13:8-15)

> **삼상 13:8-10** 사울은 사무엘이 정한 기한대로 이레 동안을 기다렸으나 사무엘이 길갈로 오지 아니하매 백성이 사울에게서 흩어지는지라 사울이 이르되 번제와 화목제물을 이리로 가져오라 하여 번제를 드렸더니 번제 드리기를 마치자 사무엘이 온지라 사울이 나가 맞으며 문안하매

약속했던 7일을 기다려도 사무엘이 나타나지 않자 백성들 사이에 동요가 일어났습니다. 백성들이 하나둘씩 뿔뿔이 흩어지기 시작한 것입니다.

여기서 7일은 단순히 사무엘이 전장으로 오는 데 걸리는 시간을 의미하지 않습니다. 이 시간은 사울이 하나님 앞에 서야 하는 시간이었습니다. 그는 7일 동안 사무엘을 기다리면서 모든 인간적인 수단을 멈추고 하나님의 도움을 간구해야 했습니다. 그러나 사울은 하나님을 바라보지 않았습니다.

사울은 백성들이 흩어지는 것을 보면서 자신의 왕권이 약해질까 염려하여 마음이 조급해졌습니다. 그래서 결국 사무엘을 기다리지 못하고 자신이 직접 제사를 드리고 말았습니다. 하나님께 드리는 제사는 거룩하기 때문에 오직 하나님이 정하신 제사장만

이 드릴 수 있는데 사울이 이 규례를 어긴 것입니다. 그가 제사 규례를 몰라서가 아닙니다. 사울이 이 같은 무리수를 둔 것은 흩어지는 백성들을 붙잡아야겠다는 인간적인 생각만이 그의 머릿속에 가득했기 때문입니다.

그런데 사울이 번제를 마치자마자 사무엘이 도착했습니다.

> 삼상 13:11-12 사무엘이 이르되 왕이 행하신 것이 무엇이냐 하니 사울이 이르되 백성은 내게서 흩어지고 당신은 정한 날 안에 오지 아니하고 블레셋 사람은 믹마스에 모였음을 내가 보았으므로 이에 내가 이르기를 블레셋 사람들이 나를 치러 길갈로 내려오겠거늘 내가 야훼께 은혜를 간구하지 못하였다 하고 부득이하여 번제를 드렸나이다 하니라

사무엘은 사울의 잘못된 행동을 지적했습니다. 그러나 사울은 자신의 잘못을 시인하지 않고 오히려 정한 기한 내에 도착하지 않은 사무엘을 탓하며 그에게 책임을 전가하려 했습니다. 또 그는 백성들이 흩어지는 중이었으므로 당시 상황에서는 불가피한 조치였다고 항변했습니다.

여기서 우리는 하나님의 제사에 대한 사울의 생각을 알 수 있

습니다. 그는 하나님이 기뻐하시는 제사가 무엇인지를 생각하지 않았습니다. 그는 하나님께 드리는 제사를 전쟁에 앞서 치르는 의식, 혹은 백성들의 마음을 하나로 묶는 수단 정도로 생각했던 것입니다. 그래서 그는 하나님이 정하신 규례를 어기고 자기 임의대로 제사를 드렸을 뿐 아니라 그것이 얼마나 큰 죄인지도 깨닫지 못했습니다.

> 삼상 13:13-15 사무엘이 사울에게 이르되 왕이 망령되이 행하였도다 왕이 왕의 하나님 야훼께서 왕에게 내리신 명령을 지키지 아니하였도다 그리하였더라면 야훼께서 이스라엘 위에 왕의 나라를 영원히 세우셨을 것이거늘 지금은 왕의 나라가 길지 못할 것이라 야훼께서 왕에게 명령하신 바를 왕이 지키지 아니하였으므로 야훼께서 그의 마음에 맞는 사람을 구하여 야훼께서 그를 그의 백성의 지도자로 삼으셨느니라 하고 사무엘이 일어나 길갈에서 떠나 베냐민 기브아로 올라가니라

사무엘은 사울의 행동에 대해 "망령되이 행하였도다"라고 책망했습니다. 이는 어리석고 미련하게 행동하는 것을 의미하는데, 다윗이 임의로 인구 조사를 했을 때(대상 21:8), 또 아사 왕이 위기

상황에서 하나님을 바라보지 않고 아람 왕의 도움을 청했을 때(대하 16:9)도 사용된 표현입니다. 이처럼 하나님을 신뢰하시 않고 인간적인 방법으로 위기를 극복하고자 하는 것은 지극히 어리석은 행동입니다. 이러한 망령된 행위는 또한 나쁜 결과를 낳습니다. 다윗의 인구 조사 결과 하나님의 심판을 받아 이스라엘 전역에 전염병이 퍼졌고, 아사 왕은 아람 군대를 손아귀에 넣을 기회를 잃게 되어 이후 이스라엘은 아람의 침공을 받게 됩니다. 이와 마찬가지로 사울의 망령된 행위도 참담한 결과를 가져왔습니다.

사무엘은 사울에게 그의 왕위가 길지 못할 것이며 그 왕위는 하나님의 마음에 맞는 새로운 사람에게 넘겨질 것이라고 예언했습니다. 사울이 처음 왕으로 세워질 때 그는 하나님의 선택을 받은 사람이었습니다. 그는 건장하고 준수했으며 무엇보다 겸손한 마음을 가지고 있었습니다. 그러나 시간이 지나 왕권에 대한 욕심이 생기자 하나님과의 관계가 틀어졌습니다. 그는 하나님의 말씀보다 자신의 인간적인 판단을 따랐고 하나님보다 백성들을 두려워했습니다. 사울은 결국 하나님께 버림받고 그렇게 애써 지키고자 했던 왕위도 잃어버릴 처지가 되고 말았습니다. 이 예언의 말씀을 전한 후 사무엘은 사울을 전장에 남겨두고 기브아로 돌아갔습니다.

축복은 하나님의 말씀을 듣고 그 말씀에 순종할 때 다가오니다. 우리의 경험과 지식, 판단으로는 하나님이 예비하시는 참된 성공의 길을 걸어갈 수 없습니다. 하나님께 순종할 때만이 하나님이 예비하신 형통과 축복의 길을 걸을 수 있습니다.

3. 이스라엘의 불리한 상황(삼상 13:15-23)

> 삼상 13:15-18 사울이 자기와 함께 한 백성의 수를 세어 보니 육백 명 가량이라 사울과 그의 아들 요나단과 그들과 함께 한 백성은 베냐민 게바에 있고 블레셋 사람들은 믹마스에 진 쳤더니 노략꾼들이 세 대로 블레셋 사람들의 진영에서 나와서 한 대는 오브라 길을 따라서 수알 땅에 이르렀고 한 대는 벧호론 길로 향하였고 한 대는 광야쪽으로 스보임 골짜기가 내려다 보이는 지역 길로 향하였더라

블레셋과 전쟁을 시작하기 전 사울의 군대는 3,000명이었습니다. 그러나 베냐민 게바에 진을 쳤을 때 그의 곁에는 600명의 병사만이 남아있었습니다. 이런 절망적인 상황에서 블레셋 군이 움직이기 시작했습니다. 그들은 세 개의 돌격부대를 보내 주요 거

점을 점령하면서 사울과 그의 군대를 서서히 포위해갔습니다.

> 삼상 13:19-22　그 때에 이스라엘 온 땅에 철공이 없었으니 이는 블레셋 사람들이 말하기를 히브리 사람이 칼이나 창을 만들까 두렵다 하였음이라 온 이스라엘 사람들이 각기 보습이나 삽이나 도끼나 괭이를 벼리려면 블레셋 사람들에게로 내려갔었는데 곧 그들이 괭이나 삽이나 쇠스랑이나 도끼나 쇠채찍이 무딜 때에 그리하였으므로 싸우는 날에 사울과 요나단과 함께 한 백성의 손에는 칼이나 창이 없고 오직 사울과 그의 아들 요나단에게만 있었더라

이스라엘 군대와 블레셋 군대의 전력 차이는 무장 상태에서도 나타났습니다. 당시 이스라엘에는 "철공", 즉 철을 다루는 기술자가 없었습니다. 그래서 이스라엘 사람들은 농기구가 망가지거나 날이 무뎌지면 블레셋에 가서 수리를 받아야 했습니다. 블레셋은 이처럼 철제 기술을 독점함으로써 경제적인 이익을 얻을 뿐 아니라 군사적인 면에서도 우위를 차지할 수 있었습니다. 이스라엘은 전쟁이 일어나도 농기구를 녹여 무기를 만들 기술자가 없었기 때문에 철제 무기를 충분히 보유할 수가 없었습니다. 그래서 강력

한 철제 무기로 무장한 블레셋 병사들과 달리 이스라엘 병사들 가운데 철제 무기를 가진 자는 사울과 요나단 둘뿐이었고 나머지는 기껏해야 농기구를 들고 전장에 나왔던 것입니다.

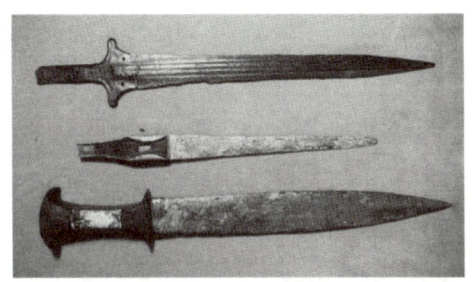

블레셋 영토에서 나온 철제 무기

삼상 13:23 블레셋 사람들의 부대가 나와서 믹마스 어귀에 이르렀더라

돌격대를 보내 주요 거점을 확보한 블레셋 군대는 믹마스에서 나와 진군을 시작했고 이스라엘 군대로서는 더 이상 대처할 방법이 보이지 않았습니다.

그러나 우리가 어찌할 수 없는 바로 그때가 하나님이 일하시는 시간입니다. 따라서 쉽게 포기하고 절망해서는 안 됩니다. 우리의 싸움은 칼이나 창으로 하는 싸움이 아니라 믿음의 싸움이기 때문입니다. 믿음을 붙들면 승리하고 믿음을 놓치면 패배합니다.

"무릇 하나님께로부터 난 자마다 세상을 이기느니라 세상을 이기는 승리는 이것이니 우리의 믿음이니라"(요일 5:4).

점점 다가오는 블레셋 군대 앞에서 사울은 빨리 회개하고 하나님 앞에 엎드려 구원을 간구해야 했습니다. 그러나 사울은 끝까지 하나님을 찾지 않았습니다. 그때 하나님은 위기에 빠진 이스라엘을 구원하고자 다른 한 사람의 믿음을 주목하셨습니다.

4. 요나단의 승리(삼상 14:1-15)

삼상 14:1-3 하루는 사울의 아들 요나단이 자기의 무기를 든 소년에게 이르되 우리가 건너편 블레셋 사람들의 부대로 건너가자 하고 그의 아버지에게는 아뢰지 아니하였더라 사울이 기브아 변두리 미그론에 있는 석류나무 아래에 머물렀고 함께 한 백성은 육백 명 가량이며 아히야는 에봇을 입고 거기 있었으니 그는 이가봇의 형제 아히둡의 아들이요 비느하스의 손자요 실로에서 야훼의 제사장이

되었던 엘리의 증손이었더라 백성은 요나단이 간 줄을
알지 못하니라

  사울의 아들 요나단은 불리한 전황을 뒤집어야 한다고 생각했습니다. 그래서 자신의 무기를 든 소년에게 블레셋 군대를 치러 가자고 말했습니다.

  한편 성경은 요나단의 전투에 앞서 사울의 정황을 짧게 기록하고 있습니다. 사울은 기브아에, 그것도 중심지가 아니라 변두리에 600명의 군사와 함께 있었습니다. 암몬과의 전쟁에서는 33만 명의 대군을 이끌며 승리를 거두었던 그가 이제는 전쟁하기도 전에 이미 패잔병과 같은 초라한 모습을 하고 있었던 것입니다.

  이러한 절망적인 상황에서 설상가상으로 하나님의 뜻을 물을 수 있는 사무엘마저 사울을 떠났습니다. 그러자 사울은 다른 제사장을 통해 조언을 얻고자 했습니다. 사울과 함께 있던 제사장은 아히야였는데 하나님께 심판받은 엘리의 증손이자 비느하스의 손자였습니다. 성경이 아히야를 소개하면서 "이가봇"을 굳이 언급한 것은 그 이름의 뜻 때문이었습니다. '영광이 없다.'라는 이름의 뜻처럼 지금 사울의 상황은 아무런 영광을 기대할 수 없었습니다.

> 삼상 14:4-7 요나단이 블레셋 사람들에게로 건너가려 하는 어귀 사이 이쪽에는 험한 바위가 있고 저쪽에도 험한 바위가 있는데 하나의 이름은 보세스요 하나의 이름은 세네라 한 바위는 북쪽에서 믹마스 앞에 일어섰고 하나는 남쪽에서 게바 앞에 일어섰더라 요나단이 자기의 무기를 든 소년에게 이르되 우리가 이 할례 받지 않은 자들에게로 건너가자 야훼께서 우리를 위하여 일하실까 하노라 야훼의 구원은 사람이 많고 적음에 달리지 아니하였느니라 무기를 든 자가 그에게 이르되 당신의 마음에 있는 대로 다 행하여 앞서 가소서 내가 당신과 마음을 같이 하여 따르리이다

요나단이 있던 게바에서 블레셋 군대가 있는 믹마스로 건너가는 길은 보세스와 세네라고 하는 큰 바위가 양쪽에 버티고 있는 매우 험한 협곡이었습니다. 더구나 요나단과 그의 무기를 든 소년, 단 두 명이 수많은 블레셋 병사들을 상대한다는 것은 불가능해 보였습니다. 그러나 요나단은 전쟁의 승리가 군사적 조건이 아니라 하나님께 달려있음을 굳게 믿고 전진했습니다. 이러한 요나단의 믿음과 담대함은 그의 무기 든 자에게도 전해졌고 그 역시 한마음으로 요나단을 따를 수 있었습니다.

삼상 14:8-10 요나단이 이르되 보라 우리가 그 사람들에게로 건너가서 그들에게 보이리니 그들이 만일 우리에게 이르기를 우리가 너희에게로 가기를 기다리라 하면 우리는 우리가 있는 곳에 가만히 서서 그들에게로 올라가지 말 것이요 그들이 만일 말하기를 우리에게로 올라오라 하면 우리가 올라갈 것은 야훼께서 그들을 우리 손에 넘기셨음이니 이것이 우리에게 표징이 되리라 하고

요나단은 적진에 뛰어들기 전에 하나님께 "표징"을 구했습니다. 즉, 블레셋 군대의 진영에 이르렀을 때 그들이 "우리가 너희에게로 가기를 기다리라!" 하면 올라가 싸우지 않고, "올라오라!" 하면 하나님이 블레셋을 그들의 손에 넘기신 사인으로 알고 올라가서 싸우기로 한 것입니다. 그는 하나님의 뜻을 보다 분명하게 확인하고자 했습니다. 요나단에게는 블레셋의 군사력보다 하나님의 뜻이 더 중요했기 때문이었습니다.

삼상 14:11-12 둘이 다 블레셋 사람들에게 보이매 블레셋 사람이 이르되 보라 히브리 사람이 그들이 숨었던 구멍에서 나온다 하고 그 부대 사람들이 요나단과 그의 무기를 든 자에게 이르되 우리에게로 올라오라 너희에게 보여 줄

것이 있느니라 한지라

　요나단과 그의 무기 든 소년을 본 블레셋 병사들은 "우리에게 올라오라 너희에게 보여 줄 것이 있느니라"라고 말했습니다. 이 말은 "어서 와라. 한 수 가르쳐주마. 본때를 보여주마."라고 으름장을 놓는 표현입니다. 그들이 이같이 자신할 수 있었던 까닭은 지금까지 이스라엘 백성들은 두려움으로 인해 숨고 도망가는 무기력한 모습만 보여주었기 때문입니다. 그들은 요나단 일행을 겁먹고 숨어있다가 나온 병사 정도로 생각하고 이렇게 말한 것입니다.

> 삼상 14:12-14　요나단이 자기의 무기를 든 자에게 이르되 나를 따라 올라오라 야훼께서 그들을 이스라엘의 손에 넘기셨느니라 하고 요나단이 손 발로 기어 올라갔고 그 무기를 든 자도 따랐더라 블레셋 사람들이 요나단 앞에서 엎드러지매 무기를 든 자가 따라가며 죽였으니 요나단과 그 무기를 든 자가 반나절 갈이 땅 안에서 처음으로 쳐 죽인 자가 이십 명 가량이라

　그러나 블레셋 사람들이 예상했던 것과 전혀 다른 상황이 벌어졌습니다. 하나님의 표징을 확인한 요나단 일행은 확신 가운데

블레셋 군대가 있는 곳으로 올라갔고 "반나절 갈이 땅", 즉 소 한 마리가 반나절 동안 갈 수 있는 정도의 땅으로 대략 600평 넓이의 땅 안에서 블레셋 사람 20명을 죽였습니다. 블레셋 사람들은 두 명의 이스라엘 병사쯤은 쉽게 처리할 수 있다고 생각했으나 정반대의 일이 일어난 것입니다. 하나님이 요나단 일행과 함께하시자 그 누구도 그들을 막지 못했습니다.

> 삼상 14:15 들에 있는 진영과 모든 백성들이 공포에 떨었고 부대와 노략꾼들도 떨었으며 땅도 진동하였으니 이는 큰 떨림이었더라

그뿐만이 아니었습니다. 일반적인 상황에서는 블레셋 대군 중 20명 정도가 죽었다고 전황이 바뀌지 않습니다. 그러나 블레셋 진영에는 극도의 두려움과 혼란이 일어났습니다. 고작 20명이 죽은 것으로 블레셋 진영이 이러한 패닉 상태에 빠진 것은 그들이 두 명의 이스라엘인에게서 야훼 하나님의 함께하심을 보았기 때문이었습니다.

오늘날 우리의 삶도 마찬가지입니다. 크리스천이 약육강식의 원리가 지배하는 세상을 살아가는 모습은 블레셋 군대와 싸우기 위해 험한 바위를 기어 올라가는 요나단처럼 초라하고 무기력하

게 보일 때가 많습니다. 그러나 우리가 요나단처럼 두려워하지 않고 세상이 감당치 못할 일을 이룰 수 있는 이유는 요나단과 함께하신 하나님이 우리와 함께하시기 때문입니다.

사울은 블레셋과의 전쟁을 준비하고 치르는 동안 하나님을 찾지 않았고 어려운 상황이 벌어질 때마다 인간적인 방법으로 일을 수습하려고 했습니다. 그러나 사울의 선택은 악수가 되어 그를 점점 더 깊은 절망의 수렁에 빠뜨리고 말았습니다.

문제를 만났을 때 가장 지혜로운 해결책은 곧바로 하나님을 찾는 것입니다. 이스라엘을 구한 것은 문제 앞에서 자기의 능력을 의지하려고 했던 사울의 인본주의적 방식이 아니라 하나님을 믿고 하나님의 능력에 의지했던 요나단의 신본주의적 방식이었습니다. 하나님은 요나단과 같은 믿음의 사람을 통해 하나님의 구원을 보이셨습니다. 우리 역시 하나님이 주목하시는 믿음의 사람이 되어 하나님께 귀하게 쓰임받게 되기를 주님의 이름으로 축원합니다.

요약 요나단이 블레셋을 공격한 일로 인해 블레셋은 막강한 군대를 이끌고 이스라엘에 쳐들어왔습니다. 이스라엘 백성들은 블레셋 군대의 위용에 위축되어 숨고 도망치기에 바빴고, 사무엘이 정한 기한 내에 오지 않자 모여있던 사람들조차 흩어지기 시작했습니다. 이에 조급한 마음이 든 사울은 사무엘을 기다리지 않고 직접 제사를 드리는 죄를 범했습니다. 반면 요나단은 이 전쟁이 하나님께 달려있음을 굳게 믿고 자신의 무기를 든 자와 함께 블레셋 수비대를 습격하여 승리를 거두었습니다. 아버지 사울과 대비되는 요나단의 담대한 믿음을 통해 위기에 빠진 이스라엘에 구원의 서광이 비친 것입니다.

묵상 우리는 위기와 문제 앞에서 무엇을 의지합니까? 우리의 지혜와 능력을 의지합니까? 아니면 하나님의 지혜와 능력을 의지합니까?

적용 아무리 사소한 문제를 만나더라도 문제 해결을 위해 먼저 하나님께 나아와 기도하는 신앙인이 됩시다.

Thus far has the LORD helped us

15장

사울의 어리석은 금식 명령

삼상 14:16-52

15
사울의 어리석은 금식 명령

(삼상 14:16-52)

　이스라엘과 블레셋의 전쟁에서 두 나라 군대의 압도적인 전력 차이를 비교하면 블레셋의 승리가 당연했습니다. 그러나 전쟁의 승리는 군대가 아닌 하나님의 손에 달려있습니다. 하나님은 믿음의 사람 요나단을 통해 블레셋을 혼란케 하시고 이스라엘이 전쟁의 승기를 잡을 수 있게 하셨습니다.

1. 분명하지 못한 사울의 판단력(삼상 14:16-23)

삼상 14:16 베냐민 기브아에 있는 사울의 파수꾼이 바라본즉 허다한 블레셋 사람들이 무너져 이리 저리 흩어지더라

요나단은 자신의 무기를 든 자와 함께 블레셋 진영으로 가서 삽시간에 20여 명을 죽였습니다. 비록 전쟁의 전체 판도를 바꾸기에는 너무나 미약한 승리에 불과했지만 이 작은 승리는 하나님이 이스라엘과 함께하신다는 증거가 되었습니다. 이로 인해 블레셋 군대에 큰 두려움이 임했고 그 결과 블레셋 군대가 자멸하기 시작했습니다.

한편 블레셋 진영을 살피고 있던 사울의 파수꾼이 그 광경을 목격하고 사울에게 보고했습니다. 요나단이 전쟁에 결정적인 공헌을 하고 있는 동안 사울은 뒤로 물러나 그저 파수꾼을 통해 블레셋 진영을 살펴보는 일을 하고 있었던 것입니다.

삼상 14:17 사울이 자기와 함께 한 백성에게 이르되 우리에게서 누가 나갔는지 점호하여 보라 하여 점호한즉 요나단과 그의 무기를 든 자가 없어졌더라

보고를 들은 사울은 군대에서 이탈한 자가 누구인지 조사하라고 명령했습니다. 그리고 조사 결과 요나단과 그의 무기를 든 자가 이탈했다는 것이 밝혀졌습니다. 사울은 블레셋 군대와 대치하고 있던 긴박한 전시 상황에서 이탈자가 있다는 사실조차 알지 못했고 일이 다 벌어지고 나서야 뒤늦게 사태 파악에 나섰던 것입니다. 이전 암몬과의 전투에서 사울은 성령으로 충만하여 하나님과 동행하던 뛰어난 지휘관이었고 전쟁을 승리로 이끈 주역이었지만 블레셋과의 전쟁에서는 그저 겁 많고 무능한 지휘관에 불과했습니다.

> 삼상 14:18-19 사울이 아히야에게 이르되 하나님의 궤를 이리로 가져오라 하니 그 때에 하나님의 궤가 이스라엘 자손과 함께 있음이니라 사울이 제사장에게 말할 때에 블레셋 사람들의 진영에 소동이 점점 더한지라 사울이 제사장에게 이르되 네 손을 거두라 하고

사울은 블레셋 진영에서 일어나고 있는 일을 이해할 수 없었습니다. 그래서 제사장 아히야를 통해 이 일이 하나님이 행하신 일인지 아닌지 알아보기 위해 법궤를 가져오라고 했습니다. 그런데 블레셋 진영의 소동이 더욱 커지는 것을 보고는 아히야에게 "네

손을 거두라"라고 말했습니다. 앞서 사무엘을 기다리지 못하고 자신이 직접 제사를 드렸던 사울의 성급한 성정이 다시 드러난 것입니다. 그는 블레셋 군대가 혼란스러워하는 지금이 공격의 적기라고 생각하고 그 기회를 놓칠까 두려워하여 하나님의 뜻을 묻는 절차조차 생략한 것입니다.

사울도 하나님이 함께하실 때 모든 일이 형통하다는 사실은 알고 있었습니다. 그래서 제사장을 불러 하나님의 뜻을 확인하려고 했습니다. 그러나 그는 블레셋 진영의 혼란이 더 커지자 하나님의 뜻을 묻는 절차를 자의적으로 멈춤으로써 하나님 앞에 또다시 실수를 범하고 말았습니다.

하나님 앞에 나아가는 것도 물러나는 것도 하나님을 존중하는 마음으로 해야 합니다. 사울의 이러한 행동은 그가 형식적으로만 하나님을 믿었다는 것을 보여줍니다. 그래서 마음대로 신탁을 시작하고 마음대로 신탁을 중지시켰던 것입니다. 오늘날에도 사울과 같은 사람들이 많습니다. 그런 사람들은 어려울 때는 하나님을 찾는 척하다가 정작 위기가 사라지거나 상황이 달라지면 자신의 뜻대로 일을 처리합니다. 이는 하나님을 진정으로 믿는 자의 모습이 아닙니다. 오히려 하나님을 경시하는 마음이 그 행위의 바탕에 깔려있다고 볼 수 있습니다.

삼상 14:20-22 사울과 그와 함께 한 모든 백성이 모여 전장에 가서 본즉 블레셋 사람들이 각각 칼로 자기의 동무들을 치므로 크게 혼란하였더라 전에 블레셋 사람들과 함께 하던 히브리 사람이 사방에서 블레셋 사람들과 함께 진영에 들어왔더니 그들이 돌이켜 사울과 요나단과 함께 한 이스라엘 사람들과 합하였고 에브라임 산지에 숨었던 이스라엘 모든 사람도 블레셋 사람들이 도망함을 듣고 싸우러 나와서 그들을 추격하였더라

불리한 전황이 뒤바뀌고 승리의 기운이 이스라엘 쪽으로 기울었습니다. 그러자 뒤늦게 전장에 뛰어든 사울과 병사들 외에도 블레셋 군에 잡혀있던 이스라엘 사람들과 산지에 숨어있던 사람들이 속속들이 나와서 이스라엘 진영에 합류하기 시작했습니다. 그로 인해 블레셋 군대는 점점 약해지고 이스라엘 군대는 점점 강해지게 되었습니다.

삼상 14:23 야훼께서 그 날에 이스라엘을 구원하시므로 전쟁이 벧아웬을 지나니라

블레셋 군대는 후퇴에 후퇴를 거듭하며 벧아웬 너머까지 밀려

났습니다. 전쟁은 바야흐로 이스라엘의 승리로 마무리되고 있었습니다. 그러나 이 전쟁의 주인공은 이스라엘의 왕 사울도 아니고 전세를 뒤집었던 요나단도 아니었습니다. 성경은 이 전쟁의 승리의 비결을 "야훼께서 그 날에 이스라엘을 구원하시므로"라고 명시하고 있습니다. 하나님이 이스라엘을 구원하신 것입니다.

이처럼 전쟁은 하나님께 속한 것입니다(삼상 17:47). 전쟁만이 아닙니다. 하나님은 전쟁과 같은 큰 문제도 능히 해결하십니다. 우리를 괴롭히는 문제 앞에서 자신의 연약함과 부족함을 바라보며 절망하지 마십시오. 승리를 위해 우리에게 필요한 것은 오직 하나님을 향한 믿음뿐입니다.

2. 사울의 어리석은 금식 명령과 그 결과(삼상 14:24-35)

삼상 14:24 이 날에 이스라엘 백성들이 피곤하였으니 이는 사울이 백성에게 맹세시켜 경계하여 이르기를 저녁 곧 내가 내 원수에게 보복하는 때까지 아무 음식물이든지 먹는 사람은 저주를 받을지어다 하였음이라 그러므로 모든 백성이 음식물을 맛보지 못하고 하나님의 도우심으로 전쟁의 승기를 잡은 이스라엘은 이제 전쟁의 마무리만 잘하면 되었습니다. 그런데 이때 사울은 이해하기 힘든 명령을 내렸습니다. 전투를 수행하느라 지칠 대로 지친 백성들에게 금식을 명령한 것입니다.

구약시대를 살펴보면 대속죄일이나 초실절 등의 절기 외에는 회개하거나 애도를 표하기 위해 또는 나라의 위기 가운데 하나님의 도우심을 얻기 위해 금식했습니다. 금식을 통해 스스로를 절제하며 하나님이 죄를 용서해주시고 구원을 베풀어주시길 간구한 것입니다. 그래서 전쟁을 준비하는 과정에서 금식하는 경우는 종종 있었습니다. 대표적인 예가 사무엘의 미스바 금식 성회입니다(삼상 7:5-11). 그러나 전쟁 도중에, 그것도 막바지에 금식을 선포하는 것은 도저히 이해할 수 없는 명령이었습니다.

더군다나 금식하는 이유도 하나님의 도우심을 구하기 위한 것이 아니었습니다. 사울은 "내가 내 원수에게 보복하는 때까지" 금식하라고 명령했습니다. 자신이 블레셋에 대한 분노를 다 해소할 만한 전과를 낼 때까지 음식을 먹지 말라고 명령한 것입니다. 이는 지극히 자기중심적인 결정이었습니다.

삼상 14:25-30 그들이 다 수풀에 들어간즉 땅에 꿀이 있더라 백성이 수풀로 들어갈 때에 꿀이 흐르는 것을 보고도 그들이 맹세를 두려워하여 손을 그 입에 대는 자가 없었으나 요나단은 그의 아버지가 백성에게 맹세하여 명령할 때에 듣지 못하였으므로 손에 가진 지팡이 끝을 내밀어 벌집의 꿀을 찍고 그의 손을 돌려 입에 대매 눈이 밝아졌더라 그 때에 백성 중 한 사람이 말하여 이르되 당신의 부친이 백성에게 맹세하여 엄히 말씀하시기를 오늘 음식물을 먹는 사람은 저주를 받을지어다 하셨나이다 그러므로 백성이 피곤하였나이다 하니 요나단이 이르되 내 아버지께서 이 땅을 곤란하게 하셨도다 보라 내가 이 꿀 조금을 맛보고도 내 눈이 이렇게 밝아졌거든 하물며 백성이 오늘 그 대적에게서 탈취하여 얻은 것을 임의로 먹었더라면 블레셋 사람을 살륙함이 더욱 많지 아니하였겠느냐

이스라엘에는 야생벌이 많이 서식합니다. 야생벌은 나뭇가지뿐 아니라 바위틈이나 속이 빈 나무 안에도 꿀을 저장한다고 합니다. 그래서 바위 사이로 꿀이 녹아 흐르거나 꿀의 무게가 너무 무거워져서 나뭇가지가 꺾이면서 꿀이 뚝뚝 떨어지는 일들이 종종 일어납니다.

지치고 피곤했던 이스라엘 군대가 수풀을 헤치고 들어갔을 때

바로 이 야생벌의 꿀을 발견했습니다. 금식하는 중에 음식을 보게 되면 참기가 힘듭니다. 심지어 이스라엘 백성들은 전투를 치르느라 격렬하게 움직였으므로 매우 지친 상태였습니다. 그들은 피곤함과 굶주림에 지쳐있었지만 음식을 먹는 자는 저주하겠다는 사울의 맹세가 두려워서 감히 먹지 못하고 있었습니다. 본래 이스라엘은 하나님만을 두려워해야 하는 하나님의 백성입니다. 그러나 사울은 억지스러운 금식 명령을 내리면서 이스라엘 백성들로 하여금 하나님이 아니라 자신을 두려워하도록 만들었습니다.

반면 요나단은 블레셋과 전투를 벌이느라 사울의 맹세를 듣지 못했습니다. 그래서 그는 지팡이 끝으로 꿀을 찍어 먹고 기력을 회복했습니다. 요나단이 꿀을 찍어 먹는 모습을 보고 백성들이 사울의 금식 명령에 대해서 알려주었습니다.

백성들의 말을 자세히 살펴보면 꿀을 먹은 요나단을 비난하는 어조가 아니었습니다. 그들은 오히려 금식령을 내린 사울을 원망했습니다. 게다가 사울의 명령을 전해 들은 요나단 또한 자신의 행동을 후회하거나 반성하지 않았습니다. 오히려 자신의 아버지가 이스라엘을 곤란하게 만들었다고 탄식했습니다. 요나단의 말이 맞습니다. 결과적으로 사울의 어리석은 금식령 때문에 이스라엘은 블레셋을 크게 이길 수 있는 절호의 기회를 놓치고 말았습니다.

이처럼 신앙적으로 보이는 행위라고 해서 모두 하나님을 기쁘시게 하는 것이 아닙니다. 인간의 욕심을 따르거나 형식에 불과한 종교적 행위는 하나님을 무시하는 처사가 될 수 있습니다. 그러므로 우리는 형식적인 행위로 다른 사람을 곤란하게 만드는 신앙생활을 하고 있지는 않은지 늘 경계해야 합니다.

금식은 우리가 단순히 먹고 마시는 것을 중단하는 행위가 아닙니다. 우리가 금식을 하는 이유는 육신의 옛 사람을 죽이고 영의 새사람으로 살아가기 위함입니다. 금식뿐 아니라 우리의 모든 신앙적 행위의 목적은 하나님을 더 깊이 만나고 그분을 더욱 닮아가며 그분의 뜻대로 살고자 하는 데 있습니다. 그 목적을 잊고 형식만 남은 행위에는 어떠한 유익도 없습니다.

> **삼상 14:31** 그 날에 백성이 믹마스에서부터 아얄론에 이르기까지 블레셋 사람들을 쳤으므로 그들이 심히 피곤한지라

이스라엘 백성들은 하루 만에 믹마스에서부터 아얄론까지 블레셋 군대를 추격하여 큰 승리를 거두었습니다. 아얄론은 믹마스에서 약 30km 떨어진 곳에 위치하고 있습니다. 이는 성인 남자가 꼬박 8시간을 걸어야 하는 거리입니다. 이스라엘은 그 먼 거리를 전투를 치르며 진군한 것입니다. 종일 굶은 채로 블레셋을 쫓으

며 고된 전투를 치렀던 이스라엘은 큰 승리를 거두었으나 마치 패배한 병사들처럼 기진맥진한 상태였습니다.

> 삼상 14:32-34 백성이 이에 탈취한 물건에 달려가서 양과 소와 송아지들을 끌어다가 그것을 땅에서 잡아 피째 먹었더니 무리가 사울에게 전하여 이르되 보소서 백성이 고기를 피째 먹어 야훼께 범죄하였나이다 사울이 이르되 너희가 믿음 없이 행하였도다 이제 큰 돌을 내게로 굴려 오라 하고 또 사울이 이르되 너희는 백성 중에서 흩어져 다니며 그들에게 이르기를 사람은 각기 소와 양을 이리로 끌어다가 여기서 잡아 먹되 피째로 먹어 야훼께 범죄하지 말라 하라 하매 그 밤에 모든 백성이 각각 자기의 소를 끌어다가 거기서 잡으니라

드디어 저녁이 되어 사울의 금식령이 풀렸습니다. 굶주린 이스라엘 백성들은 탈취한 소와 양을 잡다가 피째 먹기 시작했습니다. 그러나 피째로 고기를 먹는 것은 하나님이 율법을 통해 엄중히 금하신 일이었습니다.

"다만 크게 삼가서 그 피는 먹지 말고 피는 그 생명인즉 네가

그 생명을 고기와 함께 먹지 못하리니 너는 그것을 먹지 말라 물같이 땅에 쏟으라"(신 12:23-24).

"이스라엘 집 사람이나 그들 중에 거류하는 거류민 중에 무슨 피든지 먹는 자가 있으면 내가 그 피를 먹는 그 사람에게는 내 얼굴을 대하여 그를 백성 중에서 끊으리니"(레 17:10).

이러한 율법의 규정 때문에 이스라엘 백성들은 먼저 큰 돌 제단 위에서 짐승의 동맥을 잘라 피를 다 뽑아낸 후에 고기를 먹었습니다. 하지만 사울의 금식령으로 인해 오랜 시간 아무것도 먹지 못한 이스라엘 군사들은 너무나 허기진 나머지 피를 완전히 제거하는 시간을 기다리지 못하고 피째로 고기를 먹었습니다.

백성들의 이러한 행각을 전해 들은 사울은 그들의 믿음 없음을 비난했습니다. 그러나 백성들이 그러한 죄를 저지르게 된 것은 근본적으로 사울의 금식 명령 때문이었습니다. 사울의 잘못된 판단과 무모한 맹세가 이스라엘 백성들로 하여금 하나님의 율법을 어기고 죄를 짓게 만든 것입니다. 그렇기 때문에 사울은 백성들을 비난할 것이 아니라 스스로 반성하고 죄의 책임을 함께 감당해야 했습니다.

> 삼상 14:35 사울이 야훼를 위하여 제단을 쌓았으니 이는 그가 야훼를 위하여 처음 쌓은 제단이었더라

블레셋과의 전쟁에서 승리한 사울은 하나님을 위한 제단을 쌓았는데 이것은 그가 하나님을 위해 처음 쌓은 제단이었습니다. 그런데 지금까지 나타난 사울의 모습을 보면 그가 진정 전쟁의 승리를 하나님의 은혜로 여기고 이에 감사하여 제단을 쌓은 것인지는 알 수 없습니다. 왕이 된 이후 인본주의적이고 자기중심적인 생각에 사로잡힌 그의 행적을 감안한다면 표면적으로는 "야훼를 위하여" 제단을 쌓는다고 했지만 실제로는 자신을 위해 한 행동으로 여겨집니다. 이는 15장에서 사울이 아말렉과의 전쟁 후에 "자기를 위하여" 기념비를 세우는 장면에서 더욱 확실해집니다(삼상 15:12).

3. 실수를 되풀이하는 사울(삼상 14:36-46)

> 삼상 14:36-37 사울이 이르되 우리가 밤에 블레셋 사람들을 추격하여 동틀 때까지 그들 중에서 탈취하고 한 사람도 남기지 말자 무리가 이르되 왕의 생각에 좋은 대로 하소서 할

> 때에 제사장이 이르되 이리로 와서 하나님께로 나아가사이다 하매 사울이 하나님께 묻자오되 내가 블레셋 사람들을 추격하리이까 주께서 그들을 이스라엘의 손에 넘기시겠나이까 하되 그 날에 대답하지 아니하시는지라

사울은 블레셋 군대를 완전히 진멸하길 원했습니다. 그래서 밤새도록 블레셋을 추격하여 한 사람도 남김없이 다 죽이라고 명령했습니다. 백성들도 사울의 뜻에 동의했습니다. 그러나 이것은 하나님의 뜻이 아닌 사울의 뜻이었습니다. 사울은 하나님의 뜻을 묻지 않고 자기 마음대로 결정하고 명령한 것입니다. 그때 제사장이 하나님께 여쭈어볼 것을 제안했습니다. 그러자 사울은 뒤늦게나마 하나님의 뜻을 구했지만 하나님의 응답을 받지 못했습니다.

> 삼상 14:38-40 사울이 이르되 너희 군대의 지휘관들아 다 이리로 오라 오늘 이 죄가 누구에게 있나 알아보자 이스라엘을 구원하신 야훼께서 살아 계심을 두고 맹세하노니 내 아들 요나단에게 있다 할지라도 반드시 죽으리라 하되 모든 백성 중 한 사람도 대답하지 아니하매 이에 그가 온 이스라엘에게 이르되 너희는 저쪽에 있으라 나

> 와 내 아들 요나단은 이쪽에 있으리라 백성이 사울에게 말하되 왕의 생각에 좋은 대로 하소서 하니라

하나님의 응답을 받지 못하자 사울은 무엇인가 일이 잘못되었음을 깨달았습니다. 그래서 그는 원인을 찾아내기 위해 군대 지휘관들을 불러 모았습니다. 그들 앞에서 사울은 죄를 지은 자는 지위 고하를 막론하여 반드시 죽일 것이라고 하나님의 이름으로 맹세했습니다. 그는 하나님의 이름을 들먹이며 또다시 경솔하게 행동한 것입니다.

사울의 말을 들은 백성들은 아무도 입을 열지 않았습니다. 이들 중에는 요나단이 꿀을 먹던 것을 본 사람도 있었지만 전쟁을 승리로 이끈 요나단을 보호하고자 침묵했던 것입니다. 그러자 사울은 제비뽑기 방식으로 죄인을 색출하고자 했습니다.

제비뽑기는 이스라엘에서 하나님의 뜻을 묻는 방법으로 많이 사용되었는데, 예를 들어 죄인을 색출할 때(수 7:14-18), 땅을 배분할 때(수 14:1-5), 혹은 특정한 사람을 선출할 때(삼상 10:19-21; 행 1:23-26) 사용되곤 했습니다.

사울은 먼저 자신과 요나단을 한편에 그리고 이스라엘 백성들을 다른 한편으로 갈랐습니다. 그가 이처럼 자신만만하게 행동할 수 있었던 것은 자신과 요나단에게는 죄가 없을 것이라 확신했기

때문입니다.

> 삼상 14:41-45 이에 사울이 이스라엘의 하나님 야훼께 아뢰되 원하건대 실상을 보이소서 하였더니 요나단과 사울이 뽑히고 백성은 면한지라 사울이 이르되 나와 내 아들 요나단 사이에 뽑으라 하였더니 요나단이 뽑히니라 사울이 요나단에게 이르되 네가 행한 것을 내게 말하라 요나단이 말하여 이르되 내가 다만 내 손에 가진 지팡이 끝으로 꿀을 조금 맛보았을 뿐이오나 내가 죽을 수밖에 없나이다 사울이 이르되 요나단아 네가 반드시 죽으리라 그렇지 않으면 하나님이 내게 벌을 내리시고 또 내리시기를 원하노라 하니 백성이 사울에게 말하되 이스라엘에 이 큰 구원을 이룬 요나단이 죽겠나이까 결단코 그렇지 아니하니이다 야훼의 살아 계심을 두고 맹세하옵나니 그의 머리털 하나도 땅에 떨어지지 아니할 것은 그가 오늘 하나님과 동역하였음이니이다 하여 백성이 요나단을 구원하여 죽지 않게 하니라

제비뽑기의 결과 사울의 예상과 달리 그와 그의 아들 요나단이 뽑혔습니다. 두 사람이 다시 제비를 뽑았고 결국 요나단이 죄인

으로 지목되었습니다. 사울은 죄인으로 지목된 요나단을 심문했습니다. 그러자 요나단은 금식령을 어기고 꿀을 먹은 일을 순순히 자백하였습니다.

사울은 자신이 한 맹세 때문에 아들을 죽여야 하는 곤란한 상황에 빠지게 되었습니다. 그러나 그는 하나님 앞에서 한 맹세이므로 반드시 지켜야 한다고 말하며 정말 요나단을 죽이려 했습니다. 그러자 이스라엘 백성들이 강하게 반대했습니다. 왜냐하면 그들은 하나님이 요나단과 함께하시고 그를 통해 이스라엘을 구원하셨다는 것을 직접 목격했기 때문입니다. 정작 아버지인 사울은 요나단을 죽이려 하고 오히려 백성들이 요나단을 두둔하는 아이러니한 상황이 벌어진 것입니다.

> 삼상 14:46 사울이 블레셋 사람들 추격하기를 그치고 올라가매 블레셋 사람들이 자기 곳으로 돌아가니라

자기 뜻대로 전쟁을 이끌어가던 사울은 결국 어느 것 하나 제대로 이루지 못했습니다. 블레셋을 완전히 진멸하지도 못했고 맹세를 어긴 요나단을 처벌하지도 못했습니다. 또한 그 과정에서 백성들이 사울의 뜻에 정면으로 반대하는 일도 벌어졌습니다.

사울의 경솔한 맹세로 일어난 일들을 보면 우리가 왜 섣부르게

하나님의 이름으로 맹세하면 안 되는지 깨닫게 됩니다. 예수님도 함부로 맹세하지 말라고 경계하셨습니다.

"나는 너희에게 이르노니 도무지 맹세하지 말지니"(마 5:34).

사실 맹세를 한다는 것은 자신감과 교만에서 오는 것입니다. 그러나 한 치 앞도 보지 못하는 것이 인간입니다. 우리는 어떤 일에 관해서든지 자신의 지식이나 판단을 믿고 자만하지 말고 오직 하나님 앞에 겸손히 나와 기도해야 합니다.

4. 사울의 업적(삼상 14:47-52)

삼상 14:47-52 사울이 이스라엘 왕위에 오른 후에 사방에 있는 모든 대적 곧 모압과 암몬 자손과 에돔과 소바의 왕들과 블레셋 사람들을 쳤는데 향하는 곳마다 이겼고 용감하게 아말렉 사람들을 치고 이스라엘을 그 약탈하는 자들의 손에서 건졌더라 사울의 아들은 요나단과 이스위와 말기수아요 그의 두 딸의 이름은 이러하니 맏딸의 이름은 메랍이요 작은 딸의 이름은 미갈이며 사울의 아내의 이름은 아히노암이니 아히마아스의 딸이요 그의 군사령관의 이름은 아브넬이니 사울의 숙부 넬의 아들이며 사울의 아버지는 기스요 아브넬의 아버지는 넬이니 아비엘의 아들이었더라 사울이 사는 날 동안에 블레셋 사람과 큰 싸움이 있었으므로 사울이 힘 센 사람이나 용감한 사람을 보면 그들을 불러모았더라

본문은 사울이 왕위에 오른 후에 일어난 일에 대해 세 가지로 요약하여 설명하고 있습니다. 첫째는 그가 주위의 나라들과 전쟁해서 승리했다는 것이고, 둘째는 사울의 가계에 대한 기록이며, 셋째는 그가 군사력을 키우기 위해 용맹스러운 사람들을 꾸준히 모았다는 내용입니다.

이 말씀은 겉으로 보기에는 사울을 긍정적으로 평가하는 것처럼 보입니다. 그러나 잘 살펴보면 하나님에 관한 이야기가 빠져 있습니다. 사울은 자신의 업적을 세워나가고 왕권 강화를 위해 애써 노력했지만 하나님과 함께하지는 않았던 것입니다. 엄밀히 말하면 사울이 전쟁에서 승리한 것도 그의 공로가 아니었습니다. 하나님이 사울을 왕으로 세우실 때 그를 통해 하나님의 백성 이스라엘을 구원하겠다고 약속하셨기 때문입니다.

"내일 이맘 때에 내가 베냐민 땅에서 한 사람을 네게로 보내리니 너는 그에게 기름을 부어 내 백성 이스라엘의 지도자로 삼으라 그가 내 백성을 블레셋 사람들의 손에서 구원하리라 내 백성의 부르짖음이 내게 상달되었으므로 내가 그들을 돌보았노라 하셨더니"(삼상 9:16).

이스라엘의 승리는 하나님의 구원이며 하나님의 돌보심입니다. 그러므로 우리가 바라보아야 할 것은 인간이 쌓은 업적이 아니라 그를 사용하시는 하나님의 은혜입니다.

요약 요나단과 그의 무기를 든 소년이 블레셋 진영에서 큰 승리를 거두고 있을 때 사울은 후방에서 머뭇거리고 있었습니다. 하나님께 뜻을 여쭈어보려고 했으나 블레셋 진영에 혼란이 가중되는 것을 보자 그는 하나님께 답을 얻기도 전에 출전을 강행하고 말았습니다. 그리고 퇴각하는 블레셋을 쫓는 중에 금식령을 내려서 결과적으로 허기진 백성들이 피째 고기를 먹어 하나님 앞에 죄를 짓게 했습니다. 더 나아가 그는 하나님의 이름으로 경솔하게 맹세하여 요나단을 죽여야 하는 상황을 자초했습니다. 다행히 백성들의 반대로 요나단에 대한 처형은 이루어지지 않았지만, 사울은 이처럼 실수를 연발하며 점점 더 하나님으로부터 멀어졌습니다.

묵상 사울처럼 하나님의 응답을 기다리지 못하고 조급하게 행동했다가 낭패를 본 적이 없는지 생각해봅니다.

적용 기도에 대한 응답이 늦다고 생각될 때 오히려 응답의 확신이 있기까지 참고 기도해봅시다.

Thus far has the LORD helped us

16장
사울의 불순종

삼상 15:1-35

16
사울의 불순종
(삼상 15:1-35)

 사울은 하나님이 택하신 이스라엘의 왕이었지만 사무엘의 당부와는 달리 하나님의 말씀을 듣지 않고 자기 멋대로 통치했습니다. 하나님이 기뻐하시는 왕의 모습에서 점점 멀어지는 사울의 모습을 보면서 우리는 그에게 임할 하나님의 심판이 멀지 않았음을 짐작할 수 있습니다. 그런데 설상가상으로 사울은 또다시 하나님께 불순종의 죄를 짓습니다. 사무엘은 결국 사울이 하나님으로부터 완전히 버려지고 다른 왕이 세워지게 될 것이라는 예언의 말씀을 선포합니다.

1. 아말렉과의 전쟁에서 드러난 사울의 불순종(삼상 15:1-11)

블레셋과의 전쟁이 끝나고 사무엘은 사울에게 찾아가 하나님의 말씀을 전했습니다.

> 삼상 15:1 사무엘이 사울에게 이르되 야훼께서 나를 보내어 왕에게 기름을 부어 그의 백성 이스라엘 위에 왕으로 삼으셨은즉 이제 왕은 야훼의 말씀을 들으소서

사무엘은 사울에게 하나님의 말씀에 귀를 기울이라고 말했습니다. 블레셋과의 전쟁 중에 사울은 여러 번 하나님보다 자신의 뜻을 앞세우는 모습을 보였기 때문입니다. 사무엘은 사울에게 하나님의 말씀을 전하기에 앞서 그를 왕으로 세우신 이가 하나님이심을 상기시켰습니다. 즉, 사울이 가진 왕의 권위가 하나님에게서 온 것이므로 하나님의 말씀에 순종해야 한다고 강조한 것입니다.

> 삼상 15:2-3 만군의 야훼께서 이같이 말씀하시기를 아말렉이 이스라엘에게 행한 일 곧 애굽에서 나올 때에 길에서 대적한 일로 내가 그들을 벌하노니 지금 가서 아말렉을 쳐서 그들

> 의 모든 소유를 남기지 말고 진멸하되 남녀와 소아와 젖
> 먹는 아이와 우양과 낙타와 나귀를 죽이라 하셨나이다
> 하니

"만군의 야훼"는 앞서 한나의 이야기에서도 사용되었던 칭호(삼상 1:3, 11)로서 '군대의 하나님'을 의미합니다. 여기서 이 칭호가 사용된 것은 우선 사무엘이 전하는 말씀의 권위를 나타내기 위해서입니다. 또 사울이 이스라엘 군대를 통솔하는 것처럼 보이지만 실제 이스라엘 군대의 총사령관은 하나님이시며 전쟁에서 싸우시는 분도 하나님이시라는 것을 알게 하기 위해서입니다. 그래서 사무엘은 만군의 야훼의 칭호를 언급하며 앞으로 벌어질 아멜렉과의 전쟁에서도 총사령관이신 하나님의 말씀에 순종하여 아말렉을 진멸하라고 말했습니다.

> 삼상 15:4-5 사울이 백성을 소집하고 그들을 들라임에서 세어 보니 보병이 이십만 명이요 유다 사람이 만 명이라 사울이 아말렉 성에 이르러 골짜기에 복병시키니라

사울은 하나님의 말씀을 듣고 군대를 소집했는데 무려 21만 명이나 되는 대군이 들라임에 모였습니다. 들라임은 유다 지파의

기업 중 델렘과 같은 곳으로 추정됩니다(수 15:24). 사울은 이 대군을 이끌고 아말렉 성까지 진격했습니다.

> 삼상 15:6 사울이 겐 사람에게 이르되 아말렉 사람 중에서 떠나 가라 그들과 함께 너희를 멸하게 될까 하노라 이스라엘 모든 자손이 애굽에서 올라올 때에 너희가 그들을 선대하였느니라 이에 겐 사람이 아말렉 사람 중에서 떠나니라

본격적으로 아말렉 성을 공략하기에 앞서 사울은 겐 사람들에게 아말렉에서 떠나갈 것을 권고했습니다. 겐 족속은 모세의 장인 이드로가 속한 족속으로 과거에 이스라엘을 선대한 족속이었습니다. 당시 이드로는 행정과 재판 조직을 갖출 것을 제안했으며(출 18:13-26), 모세의 처남 호밥은 길 안내자가 되어 이스라엘에 도움을 주었습니다(민 10:29-31).

아말렉과 겐 족속은 똑같이 이스라엘이 출애굽한 시기에 만났던 사람들이었는데, 이스라엘을 대적한 아말렉은 진멸될 위기에 놓였고 이스라엘을 선대한 겐 족속은 그 위기에서 벗어나게 되었습니다.

> 삼상 15:7-8 사울이 하윌라에서부터 애굽 앞 술에 이르기까지 아말

> 렉 사람을 치고 아말렉 사람의 왕 아각을 사로잡고 칼날로 그의 모든 백성을 진멸하였으되

이스라엘은 아말렉과 전쟁을 벌여 큰 승리를 거두었지만 전후 처리 과정에서 문제가 생겼습니다. 하나님은 아말렉의 죄(삼상 15:2)를 심판하시고자 아말렉을 진멸하라고 명하셨는데 사울은 아말렉 왕 아각을 죽이지 않고 사로잡아 온 것입니다. 사울은 자신의 욕심을 채우기 위해 하나님의 뜻에 온전히 따르지 않았습니다.

> 삼상 15:9 사울과 백성이 아각과 그의 양과 소의 가장 좋은 것 또는 기름진 것과 어린 양과 모든 좋은 것을 남기고 진멸하기를 즐겨 아니하고 가치 없고 하찮은 것은 진멸하니라

또한 사울과 이스라엘 백성은 아말렉으로부터 탈취한 전리품 가운데 하찮은 것만 없애고 좋은 것은 남겼습니다. 사울만이 아니라 온 백성이 모두 한마음이 되어 하나님의 뜻을 거스른 것입니다. 그러나 하나님이 원하신 것은 이스라엘의 부분적인 순종이 아니라 온전한 순종이었습니다. 부분적인 순종은 하나님을 전적으로 신뢰하지 않고 그의 말씀을 엄중히 여기지 않는다는 점에서

사실상 불순종과 다를 바 없습니다.

우리는 사울과 이스라엘 백성들의 행동을 반면교사로 삼아야 합니다. 불순종의 배후에는 욕심과 교만과 불신앙이 자리 잡고 있습니다. 오늘날 우리가 하나님 앞에 죄짓고 넘어지는 것도 마찬가지 이유입니다. 우리는 좋으신 하나님께 모든 것을 맡기고 주님의 뜻에 온전히 순종해야 합니다.

> 삼상 15:10-11 야훼의 말씀이 사무엘에게 임하니라 이르시되 내가 사울을 왕으로 세운 것을 후회하노니 그가 돌이켜서 나를 따르지 아니하며 내 명령을 행하지 아니하였음이니라 하신지라 사무엘이 근심하여 온 밤을 야훼께 부르짖으니라

하나님은 사울을 왕으로 세우신 것을 후회하셨습니다. 이는 하나님이 자신이 하신 일에 대해 잘못을 인정하거나 자책하셨다는 의미가 아닙니다. 오히려 "후회하노니"라는 표현은 사울의 범죄로 인해 그를 심판해야만 하는 상황에 대한 하나님의 안타까움과 슬픔을 의미합니다. 이 말씀을 들은 사무엘은 크게 근심하며 밤새 하나님께 기도드렸습니다.

여기에서 우리는 대조적인 두 사람, 불순종으로 하나님을 슬프

시게 한 사울과 이스라엘을 위해 근심하며 부르짖는 사무엘의 모습을 볼 수 있습니다. 이 중에서 하나님을 기쁘시게 한 사람, 하나님이 마지막까지 들어 사용하신 사람은 사무엘입니다. 우리도 사무엘처럼 하나님의 말씀에 순종하고 나라와 민족을 위해 기도하는 삶을 살아야 할 것입니다.

2. 사울의 변명 (삼상 15:12-21)

사무엘은 밤새 기도한 후 아침 일찍 사울을 만나고자 그의 행방을 수소문했습니다. 그런데 사무엘이 사울에 관하여 전해 들은 말은 실망스러운 내용이었습니다.

> 삼상 15:12 사무엘이 사울을 만나려고 아침에 일찍이 일어났더니 어떤 사람이 사무엘에게 말하여 이르되 사울이 갈멜에 이르러 자기를 위하여 기념비를 세우고 발길을 돌려 길갈로 내려갔다 하는지라

아말렉과의 전쟁 후에 사울이 갈멜에 기념비를 세웠는데, 그 기념비는 야훼를 위하여 세운 것이 아니라 "자기를 위하여" 세운

것이었습니다. 즉, 사울은 기념비를 통해 승리의 공로를 자신에게 돌리고 하나님이 아닌 자신의 이름을 높임으로써 하나님이 받으셔야 할 영광을 가로챈 것입니다. 사울의 교만이 이제는 걷잡을 수 없이 커져버렸습니다.

> 삼상 15:13 사무엘이 사울에게 이르즉 사울이 그에게 이르되 원하건대 당신은 야훼께 복을 받으소서 내가 야훼의 명령을 행하였나이다 하니

사무엘이 사울을 찾아가자 사울은 승리의 기쁨에 도취되어 사무엘을 맞이했습니다. 사울에게는 아말렉과의 전쟁에서 거둔 대승이 엄청난 일이었겠지만 하나님에게 있어서 이 전쟁의 승리는 당연한 결과에 불과했습니다. 하나님의 관심사는 전쟁의 결과가 아닌 사울과 이스라엘이 하나님의 명령에 온전히 순종했는가에 있었습니다.

> 삼상 15:14-15 사무엘이 이르되 그러면 내 귀에 들려오는 이 양의 소리와 내게 들리는 소의 소리는 어찌 됨이니이까 하니라 사울이 이르되 그것은 무리가 아말렉 사람에게서 끌어 온 것인데 백성이 당신의 하나님 야훼께 제사하

16 사울의 불순종

려 하여 양들과 소들 중에서 가장 좋은 것을 남김이요 그 외의 것은 우리가 진멸하였나이다 하는지라

사무엘은 사울의 불순종을 일깨우기 위해서 "그러면 왜 내 귀에 양과 소의 울음소리가 들리는 것입니까?"라고 되물었습니다. 그러나 사울은 당당하게 "무리가 아말렉 사람에게서 끌어 온 것"이라며 양과 소들을 진멸하지 않았음을 인정하면서 오히려 모든 책임을 백성들에게 전가하였습니다. 또 "당신의 하나님"이라는 표현을 보면 범죄의 원인을 사무엘과 하나님에게도 전가하려는 의도가 엿보입니다. 그러나 하나님께 제사를 드리기 위해 물건들을 남겼다는 사울의 말은 궁색한 변명에 지나지 않았습니다.

> 삼상 15:16-17 사무엘이 사울에게 이르되 가만히 계시옵소서 간 밤에 야훼께서 내게 이르신 것을 왕에게 말하리이다 하니 그가 이르되 말씀하소서 사무엘이 이르되 왕이 스스로 작게 여길 그 때에 이스라엘 지파의 머리가 되지 아니하셨나이까 야훼께서 왕에게 기름을 부어 이스라엘 왕을 삼으시고

반성하지 않는 사울에게 사무엘은 하나님의 말씀을 전하기 시

작했습니다. 사무엘은 먼저 사울이 스스로 낮은 자로 여길 때 하나님이 그를 높여 왕으로 세워주셨음을 상기시켰습니다. 사울은 과거 아버지의 나귀를 찾아 수일을 돌아다녔던 순종적인 아들이었고 작은 베냐민 지파에서도 가장 작은 가문의 사람이라고 자신을 낮춘 겸손한 사람이었습니다. 하지만 이제 사울은 하나님의 명령에도 불순종하는 자가 되었고 자신을 위해 기념비를 세우는 교만한 자가 되었습니다.

> 삼상 15:18-19 또 야훼께서 왕을 길로 보내시며 이르시기를 가서 죄인 아말렉 사람을 진멸하되 다 없어지기까지 치라 하셨거늘 어찌하여 왕이 야훼의 목소리를 청종하지 아니하고 탈취하기에만 급하여 야훼께서 악하게 여기시는 일을 행하였나이까

사무엘은 사울이 하나님의 목소리를 청종하지 않고 탈취하기에 급급했다고 질책하였습니다. 물론 사울도 초반에는 하나님의 말씀에 순종하여 아말렉과의 전쟁을 준비했을지도 모릅니다. 그러나 그의 마음에 탐심이 들어오고 뒤이어 그것들을 가져가고 싶다는 백성들의 목소리가 들리자 어느새 사울의 마음에서 하나님의 목소리는 사라지고 양과 소의 울음소리와 백성들의 목소리만 남은 것입니다.

> 삼상 15:20-21 사울이 사무엘에게 이르되 나는 실로 야훼의 목소리를 청종하여 야훼께서 보내신 길로 가서 아말렉 왕 아각을 끌어 왔고 아말렉 사람들을 진멸하였으나 다만 백성이 그 마땅히 멸할 것 중에서 가장 좋은 것으로 길갈에서 당신의 하나님 야훼께 제사하려고 양과 소를 끌어 왔나이다 하는지라

사무엘의 질책은 사무엘 개인의 말이 아니라 그를 통해 전달된 하나님의 말씀이었습니다. 그럼에도 불구하고 사울은 잘못을 뉘우치고 회개하는 것이 아니라 변명만 늘어놓았습니다. 자신은 순종하려고 했지만 백성들이 좋은 양과 소를 끌고 왔다면서 여전히 백성들에게 죄를 전가했습니다.

사울은 어쩌면 하나님께 온전히 순종하지 않더라도 제사만 잘 드리면 문제없으리라 생각했을지 모릅니다. 그러나 이는 어리석은 생각입니다. 하나님은 물질적인 것을 요구하시는 분이 아니십니다. 온 우주 만물을 지으시고 주관하시는 분이 하나님이신데 어떤 물건이 하나님을 기쁘시게 할 수 있겠습니까? 하나님을 기쁘시게 하는 것은 제물의 좋고 나쁨이나 많고 적음이 아닙니다. 예수님도 부자들의 헌금보다 가난한 과부의 두 렙돈이 더 많다고 말씀하시면서 드리는 자의 마음이 중요함을 강조하셨습니다(눅

21:1-4).

우리에게도 사울과 같은 모습이 있지 않은지 돌아봐야 합니다. 물질만능주의가 팽배한 세상의 영향을 받아서 돈이면 다 된다는 생각이 교회 안에도 들어와있지는 않습니까? 헌금을 많이 냈으니까 이 정도의 불순종은 괜찮지 않을까 생각해본 적은 없습니까? 자신의 삶을 돌아보고 회개합시다. 그렇지 않으면 사울과 같이 하나님의 징계를 받게 될지도 모릅니다.

3. 하나님께 버림받은 사울(삼상 15:22-35)

사무엘은 사울의 생각이 근본적으로 잘못되었음을 지적하면서 하나님이 진정 그에게 원하시는 것이 무엇인지 전했습니다.

> 삼상 15:22 사무엘이 이르되 야훼께서 번제와 다른 제사를 그의 목소리를 청종하는 것을 좋아하심 같이 좋아하시겠나이까 순종이 제사보다 낫고 듣는 것이 숫양의 기름보다 나으니

하나님이 가장 원하시는 것은 제사가 아니라 순종입니다. 하나님이 우리에게 원하시는 것은 물질이 아닙니다. 하나님이 돈이

필요해서 우리에게 헌금을 내라고 하시는 것이 아닙니다. 헌금은 모든 물질적 축복을 주시는 분이 하나님이심을 인정하며 기꺼이 드림으로써 우리가 돈이 아니라 하나님을 더 사랑하고 의지하고 있음을 표현하는 것일 뿐입니다.

> 삼상 15:23 이는 거역하는 것은 점치는 죄와 같고 완고한 것은 사신 우상에게 절하는 죄와 같음이라 왕이 야훼의 말씀을 버렸으므로 야훼께서도 왕을 버려 왕이 되지 못하게 하셨나이다 하니

사무엘은 하나님의 말씀을 거역하는 것은 우상숭배와 다를 바 없다고 이야기했습니다. 우리의 불순종과 완고함은 하나님이 계셔야 하는 자리에 자기 자신을 올려놓는 것에서 비롯됩니다. 결과적으로 불순종은 하나님을 버리는 것과 마찬가지인 셈입니다.

사울이 하나님의 말씀을 버린 것처럼 하나님도 사울을 버려 왕이 되지 못하게 하셨습니다. 만약 사울이 사무엘의 질책을 듣고 회개하였다면 버림받지 않았을 수도 있습니다. 그러나 길갈에서 스스로 제사를 드렸을 때 회개하지 않았던 것처럼 이번에도 사울은 다른 사람들에게 책임을 전가하며 변명하기에 급급했습니다.

삼상 15:24-25 사울이 사무엘에게 이르되 내가 범죄하였나이다 내가 야훼의 명령과 당신의 말씀을 어긴 것은 내가 백성을 두려워하여 그들의 말을 청종하였음이니이다 청하오니 지금 내 죄를 사하고 나와 함께 돌아가서 나로 하여금 야훼께 경배하게 하소서 하니

사울은 왕이 되지 못할 것이라는 말을 들은 뒤에야 자신의 죄를 시인했습니다. 자신이 하나님보다 백성들을 두려워하고 그들의 말을 들었다고 고백했습니다. 사울도 자신이 하나님보다 백성들을 두려워했고 하나님의 말씀보다 백성들의 말을 따랐다는 것을 알고 있었던 것입니다.

그러나 사울은 자신의 잘못을 인정하면서도 여전히 사람들의 시선을 더 신경 쓰는 모습을 보였습니다. 그는 사무엘에게 자신의 죄를 사하고 함께 돌아가 백성들이 보는 앞에서 제사를 드려달라고 간청하였습니다.

삼상 15:26-27 사무엘이 사울에게 이르되 나는 왕과 함께 돌아가지 아니하리니 이는 왕이 야훼의 말씀을 버렸으므로 야훼께서 왕을 버려 이스라엘 왕이 되지 못하게 하셨음이니이다 하고 사무엘이 가려고 돌아설 때에 사울이 그

의 겉옷자락을 붙잡으매 찢어진지라

사울은 자신이 하나님께 버림받았다는 사실을 백성들이 알게 될 것을 두려워했습니다. 그의 마음을 꿰뚫어 본 사무엘은 사울의 청을 거절했습니다. 그러자 사울은 사무엘을 붙잡았는데 얼마나 간절했던지 사무엘의 옷자락이 찢어졌습니다.

> 삼상 15:28-29 사무엘이 그에게 이르되 야훼께서 오늘 이스라엘 나라를 왕에게서 떼어 왕보다 나은 왕의 이웃에게 주셨나이다 이스라엘의 지존자는 거짓이나 변개함이 없으시니 그는 사람이 아니시므로 결코 변개하지 않으심이니이다 하니

사무엘은 찢어진 옷자락을 하나의 표징으로 보았습니다. 그래서 하나님이 사울에게서 나라를 떼어 왕의 이웃에게 주셨으며, 하나님의 말씀이 반드시 이루어질 것이라고 강조했습니다.

자신의 왕위가 빼앗길 것이라는 참담한 예언을 들으면서도 사울은 당장 그를 바라보는 백성들의 시선과 그로 인해 형성될 여론을 더 중요하게 생각했습니다.

삼상 15:30-31 사울이 이르되 내가 범죄하였을지라도 이제 청하옵나니 내 백성의 장로들 앞과 이스라엘 앞에서 나를 높이사 나와 함께 돌아가서 내가 당신의 하나님 야훼께 경배하게 하소서 하더라 이에 사무엘이 돌이켜 사울을 따라가매 사울이 야훼께 경배하니라

사울에게는 여전히 하나님 앞에서 자신을 살피는 것보다 사람들 앞에서 자신의 지위, 명예를 지키는 것이 더 중요했습니다. 사울은 자신의 왕권이 건재하다는 것을 백성들에게 보이기 위해서 사무엘에게 함께 가자고 재차 간청했습니다.

이에 사무엘은 사울을 따라갔지만 사무엘의 목적은 따로 있었습니다. 바로 아말렉 왕 아각을 죽이기 위해서였습니다.

삼상 15:32-33 사무엘이 이르되 너희는 아말렉 사람의 왕 아각을 내게로 끌어 오라 하였더니 아각이 즐거이 오며 이르되 진실로 사망의 괴로움이 지났도다 하니라 사무엘이 이르되 네 칼이 여인들에게 자식이 없게 한 것 같이 여인 중 네 어미에게 자식이 없으리라 하고 그가 길갈에서 야훼 앞에서 아각을 찍어 쪼개니라

아각은 죽을 고비를 넘겼다는 생각에 안심하고 있었습니다. 하지만 상황은 그의 생각과는 달랐습니다. 사무엘은 하나님 앞에서 아각을 죽임으로써 아말렉을 진멸하라는 하나님의 명령을 완수했습니다.

> 삼상 15:34-35 이에 사무엘은 라마로 가고 사울은 사울 기브아 자기의 집으로 올라가니라 사무엘이 죽는 날까지 사울을 다시 가서 보지 아니하였으니 이는 그가 사울을 위하여 슬퍼함이었고 야훼께서는 사울을 이스라엘 왕으로 삼으신 것을 후회하셨더라

아각을 처단한 후 사무엘은 자신의 고향인 라마로 돌아갔고 사울도 자신의 고향이자 당시 이스라엘의 수도인 기브아로 돌아갔습니다. 각자의 길로 갔다는 것은 두 사람의 관계가 완전히 단절되었음을 나타냅니다.

35절에서 "사무엘이 죽는 날까지 사울을 다시 가서 보지 아니하였으니"라고 기록하고 있지만 이후에 다시 사울을 만나는 장면이 나옵니다(삼상 19:24). 그러므로 본문에서 사무엘이 사울을 보지 않았다는 것은 사울이 하나님께 이스라엘 왕으로 인정받지 못했기에 사무엘이 더 이상 사울에게 하나님의 뜻을 전달하지 않았음

을 의미합니다. 사울은 이후로도 여전히 이스라엘의 왕이었지만 그의 인생은 이미 내리막길을 가고 있었습니다.

사울은 이스라엘 백성들의 기대 속에서 초대 이스라엘 왕으로 세워졌지만 불순종한 이후 계속해서 내리막길을 걷다가 결국은 비참한 최후를 맞게 됩니다(삼상 31장). 사울이 스스로를 낮출 때 왕이 되었음을 기억하고 하나님을 겸손히 섬겼다면 하나님이 그의 왕조를 굳건하게 세우셨을 것입니다. 그러나 사울은 점점 교만해지면서 여러 차례 불신앙과 불순종의 모습을 보였습니다. 그 결과 하나님의 심판을 받아 그의 왕위가 하나님의 마음에 맞는 다른 사람에게 옮겨지게 된 것입니다.

하나님께 버려진 사울을 보면서 우리는 자신을 돌아보아야 합니다. 특히 교회와 세상 가운데서 높은 자리에 있을수록 자신과 하나님과의 관계가 온전한지 살펴야 합니다. 사람들의 눈과 말만 신경 쓰고 정작 하나님의 말씀에 불순종하고 있지는 않습니까? 혹은 사울처럼 남을 핑계 삼아 자신의 욕심을 앞세우고 있지는 않습니까?

우리는 하나님이 사랑의 하나님이시지만 동시에 공의의 하나님이심을 잊지 말아야 합니다. 하나님이 우리를 높이시고 축복하실 때 교만해지지 말고 오히려 겸손하게 하나님 제일주의로 살아가시기 바랍니다. 그리하여 시냇가에 심은 나무와 같이 철을 따라 열매를 맺고 그 잎사귀가 마르지 아니하는 형통함을 누리게 되시기를 바랍니다.

요약

사무엘은 아말렉을 진멸하라는 하나님의 명령을 사울에게 전했습니다. 사울은 온 이스라엘에 소집령을 냈고 21만의 대군이 집결했습니다. 사울은 단숨에 아말렉 성까지 진격했고 과거 출애굽 시기에 이스라엘을 선대했던 겐 족속을 그 전쟁에 휘말리지 않게 하는 배려도 잊지 않았습니다. 그러나 그는 가장 중요시해야 할 하나님의 명령을 어기는 불순종의 죄를 범하고 말았습니다. 아말렉을 진멸하라는 하나님의 명령에도 불구하고 아각 왕을 죽이지 않았으며 그가 소유한 좋은 것들을 남겨둔 것입니다. 심지어 사울은 자신을 위한 기념비를 세울 정도로 교만해졌습니다. 사무엘이 그의 불순종을 질책할 때도 그는 죄를 뉘우치지 않고 도리어 백성들에게 책임을 전가했습니다. 결국 사무엘은 사울에게 하나님이 그의 왕위를 빼앗으셔서 다른 사람에게 줄 것이라고 예언했습니다. 그리하여 이스라엘의 초대 왕 사울은 하나님께 버림받고 그의 왕조는 몰락의 길을 걷게 되었습니다.

묵상

<u>스스로 겸비할 때 이스라엘의 왕으로 세워진 사울과 교만과 탐욕으로 하나님께 버림받은 사울에 대해 묵상해봅시다.</u> 그리고 우리 자신의 삶을 돌아보며 사울과 같은 모습은 없는지 살펴봅시다.

적용

우리 안에 있는 교만, 탐욕, 불신앙을 내려놓고 하나님 제일주의 신앙으로 살아갈 것을 다짐합시다.